Martin Cunz und Raphael Pifko (Hg.)

Die Weisheit des Rabbi Nachman

Erzählungen und Aphorismen

Aus dem Hebräischen
von Raphael Pifko

Benziger Verlag

Die Deutsche Bibliothek – CIP-Einheitsaufnahme

Die Weisheit des Rabbi Nachmann: Erzählungen
und Aphorismen / Martin Cunz und Raphael Pifko (Hg.).
Aus dem Hebr. von Raphael Pifko. –
Düsseldorf; Zürich: Benziger, 2000
ISBN 3-545-20184-8

Umschlaggestaltung: GrafikDesign Reckels & Schneider-Reckels,
Wiesbaden
Satz: Fotosatz Moers, Mönchengladbach
Druck und Bindung: Clausen & Bosse, Leck
ISBN 3-545-20184-8

Inhalt

Anekdotisches und Historisches

Zur Entstehungsgeschichte der *Sieben Bettler*

Der Rebbe erzählte die Geschichte von den *Sieben Bettlern,* die später aufgeschrieben wurde, über mehrere Tage verteilt. Jedes Mal war ein Gespräch, das schon früher einmal geführt worden war, Anlass, einen weiteren Teil der Geschichte zu erzählen.

Alles fing in einer Freitagnacht an. Es begann mit einer Schnupftabakdose, die er von einem seiner Anhänger erhalten hatte. Dies erinnerte den Rebbe an einen Brief, den ich einem Freund geschrieben und den er gesehen hatte. Darin schrieb ich ihm, er möge stets fröhlich sein.

Der Rebbe begann, indem er sagte: »Ich werde euch erzählen, wie man einmal fröhlich war«, und so begann er, die Geschichte zu erzählen.

Er erzählte dann den ganzen Anfang der Geschichte, bis zum Ende des ersten Tages der Hochzeit, an dem vom blinden Bettler die Rede ist. All dies geschah Freitag nachts, als ich zu Hause in Nemirov war.

Danach, am Dienstag, kam mein Freund nach Hause, und er erzählte mir diese Geschichte. *Ich stand zitternd* und erstaunt da; ich hatte schon viele erhabene Geschichten vom Rebbe gehört, aber eine solche Geschichte hatte ich noch nie aus seinem heiligen Munde vernommen.

Ich fuhr darauf hin nach Bratzlaw und gelangte zum Haus des Rebbe. Er hatte sich bereits in sein Zimmer zurückgezogen.

Am nächsten Morgen, am Mittwoch, ging ich zu ihm. Ich sprach viel mit ihm und erzählte ihm, was es in der Umgebung Neues gibt. Dann erwähnte er die Geschichte, die er Freitag nachts zu erzählen begonnen hatte.

Er sagte, er würde gerne das Ende kennen, also das, was sich an jedem der sieben Tage des Hochzeitsfestes ereignet hatte. Er wollte auch wissen, was mit dem Prinzen geschehen war, der die Regierung zu Lebzeiten seines Vaters übernommen hatte, also das Ende der Episode, mit der er die Erzählung eingeleitet hatte.

Der Rebbe erzählte mir damals, dass an jedem der sieben Tage des Hochzeitsfestes einer der sieben Bettler kommen würde, der das Brautpaar segnet und ihm Geschenke übergibt. Er schilderte mir auch den Teil der Geschichte mit den sieben Alten, die sich an ihren Ursprung erinnern.

Er erzählte mir auch vom Blinden, der sich an gar nichts mehr erinnerte. Dies bedeutet, dass er sich an eine Zeit erinnert, zu der es noch gar nichts gab. Ich wünschte mir heftig, dass er beginnen würde, mir vom zweiten Tag zu erzählen. Dies gelang mir nicht, denn der Diener des Rebbe kam herein und sagte: »Rebbe, es ist Zeit zum Essen.« Er deckte ihm den Tisch und ich musste ihn verlassen.

Nachdem der Rebbe gegessen und kurz geschlafen hatte, ging ich wieder zu ihm. Ich stand vor ihm und erzählte ihm einige aktuelle Begebenheiten, unter anderem über den Rabbi von Berditschev, wo ich kürzlich war. Ich erzählte ihm auch, wie alle Menschen voller Sorge sind, vor allem die Reichen, die alle viele Schulden haben.

So redete ich und zitierte auch den Vers: »Er gab auch die Welt in ihr Herz, sodass der Mensch die Taten Gottes, die er wirkte, nicht finden kann, von Beginn bis zum Ende.« (Prediger 3,11)

Der Rebbe antwortete: »Dies ist unsere Geschichte!« Sofort fragte er, wo wir in der Erzählung stehen geblieben waren. Ich erschrak über die große Lust, die ich hatte, die Fortsetzung zu hören, und antwortete schnell: »Wir sind beim zweiten Tag.« Er begann zu erzählen: »Am zweiten Tag sehnte sich das junge Paar danach, den tauben Bettler zu sehen …«

An diesem Mittwoch erzählte er uns die ganze Geschichte des zweiten Tags. Am darauf folgenden Freitagabend erzählte er uns die Geschichte des dritten und vierten Tags, am Sonntag den fünften Tag, am darauf folgenden Dienstag den sechsten Tag.

Nachdem er uns die Geschichte des sechsten Tags erzählt hatte, standen wir um den Rebbe herum. Jemand von seinen Anhängern erzähle eine kurze Anekdote. Der Rebbe erwiderte: »Ist dies nicht die Geschichte des siebten Tags? Es scheint, dass die Menschen bereits meine Geschichte erzählen.« Er wollte sie uns unbedingt erzählen.

Er erzählte sie uns aber damals nicht. Der Rebbe brachte die Geschichte nie zu Ende.

*

Die Einfachheit des Rebbe

Was ich hier erzähle, ereignete sich in den letzten Monaten des Lebens des Rebbe. Der Rebbe zog in Uman in eine neue Wohnung, in der er später sterben sollte. Diese Wohnung gefiel ihm sehr gut, denn sie war großzügig und hatte viel Luft. Vor den Fenstern hatte es einen Garten. Die Wohnung gehörte aber … (In der Biographie über Rabbi Nachman *Jemei Moharnat* wird geschildert, die

Wohnung habe einem bekannten Sünder gehört, der in St. Petersburg lebte. Seine Familie nahm Rabbi Nachman als Gast auf.)

Der Rebbe bezog diese Wohnung kurz nach dem Schabbat nach Tisch'a be-Aw (das heißt kurz nach dem 10. August 1810). Viele alte und neue Anhänger des Rebbe versammelten sich an diesem Schabbat um ihn.

Freitag nachts kam der Rebbe aus seinem Zimmer in das Haus, in dem seine Anhänger versammelt waren. Er war sehr schwach und hatte kaum genug Kraft zum Sprechen. Er begann sofort, den Kiddusch über den Wein zu sprechen. Nachher setzte er sich an den Tisch. Er kehrte nicht in sein Zimmer zurück, wie es sonst bei solchen Versammlungen sein Brauch war. Er saß sichtlich schwach da und begann, mit großer Müdigkeit zu sprechen.

Er fragte: »Warum fahrt ihr zu mir, ich weiß doch überhaupt nichts? Wenn ich euch etwas lehren würde, hättet ihr einen Grund zu reisen und zu mir zu kommen. Aber warum kommt ihr jetzt, ich weiß doch jetzt gar nichts? Ich bin jetzt nur ein vollkommener *Prostak*, ein äußerst einfacher und ungebildeter Mensch.«

Der Rebbe fuhr mit dieser Rede fort und wiederholte mehrfach, dass er überhaupt nichts wisse und dass er ein äußerst einfacher Mensch, ein Prostak, sei.

Er sagte: »Das Einzige, was mich inspiriert, ist, dass ich im Land Israel war.« Er wiederholte immer wieder, dass er überhaupt nichts wisse, dass er nur ein ganz gewöhnlicher Prostak sei und dass seine einzige Inspiration von seinem Aufenthalt im Land Israel herrühre.

Mitten in dieser Rede begann er zu erklären, warum seine Inspiration im Zusammenhang mit der Einfachheit seiner Reise ins Land Israel stehe. Dies inspiriere auch alle anderen Einfachen in dieser Welt, jene, die man *Prostak* nennt.

Es gibt viele Einfache: die Gelehrten, die Weisen, die ihr Studium vernachlässigen, und die wirklich einfachen Menschen, die vollkommene *Prostaken* sind. Auch die Nationen der Welt brauchen Inspiration …

✳

Die teure Laubhütte

Einer der Anhänger des Rebbe stellte einmal eine sehr teure Laubhütte her, die ihn viel Geld gekostet hatte. Er lud den Rebbe in die Laubhütte ein. Rabbi Nathan begleitete den Rebbe und sprach darüber, dass die Laubhütte nicht den Vorschriften des Religionsgesetzes entspreche. Dazu schwieg der Rebbe.

Rabbi Nathan blickte ständig auf das Gesicht des Rebbe und dieser schwieg weiter. Nachdem der Rebbe schwieg, schwieg auch Rabbi Nathan. Am Rückweg sagte der Rebbe zu Rabbi Nathan: »Wenn ein Jude sich so sehr bemüht und für seine Laubhütte so viel Geld ausgibt, möchtest du ihm Schwierigkeiten machen und sie aus religiöser Genauigkeit für untauglich erklären?!«

✳

Hin- und Rückweg

Einmal sagte der Rebbe seinen Anhängern: »Wenn ich einen solchen Meister wie ihr gehabt hätte, wäre ich den ganzen Weg zu ihm zu Fuß gegangen!« An der Seite stand einer, der den Rebbe fragte: »Und wie verhält es sich mit dem Rückweg?« Worauf der Rebbe antwortete: »Den wäre ich gerannt!«

✳

Fromm oder klug

Einmal erzählte Rabbi Nathan dem Rebbe über Rabbi Hirsch Leib von Alik: »Er war ein guter Jude, denn er war sehr fromm!« Worauf der Rebbe antwortete: »Sogar wenn er nicht so fromm gewesen wäre, die Hauptsache ist, dass er sehr klug war!«

*

Der Postmeister von Tulczin

In Tulczin lebte ein Rabbi Jossel Hausner, der das Verdienst hatte, einmal einen Schabbat beim Rebbe zu verbringen. Er war auch ein wenig in der russischen Sprache bewandert und gehörte zu den Honoratioren der Stadt. Seine Meinung zählte und man hörte auf seine Worte. Durch seine Vermittlung wurde Rabbi Isaak, der Sohn des Rabbi Nathan, zum Postmeister von Tulczin ernannt.

Als der Kampf gegen die Chassidim hart wurde, war es ihren Gegnern möglich, mit unseren Anhängern nach Belieben umzuspringen. Jeder, der den Rabbi Nathan (den Nachfolger des Rabbi Nachman) nicht verfluchte, wurde als Bratzlawer Chassid betrachtet und es war erlaubt, ihm seinen Broterwerb wegzunehmen.

Entsprechend begannen die Gegner, dem Rabbi Jossel zuzureden, dem Rabbi Isaak den Broterwerb wegzunehmen, da er zu seinem Vater nach Bratzlaw fahre. Rabbi Jossel wies sie ab, indem er sagte: »Die Tatsache, dass er zu seinem Vater nach Bratzlaw fährt, beweist noch lange nicht, dass er ein Chassid ist. Er fährt einfach zu ihm, weil er seinen Vater ehren möchte!« Die Gegner mussten dieses Argument akzeptieren.

Als aber die Zeit kam, zu Rosch ha-Schanah nach Uman zu fahren, geriet Rabbi Isaak in Bedrängnis. Führe er, so würde dies beweisen, dass er ein Chassid ist. So fuhr er zunächst zu seinem Vater Rabbi Nathan, um ihn um seine Meinung zu befragen, wie er sich jetzt verhalten solle. Sein Vater antwortete ihm: »Auf Rosch ha-Schanah nach Uman zu fahren, ist wichtiger als alles andere! Diese chassidische Pflicht muss selbst dann erfüllt werden, wenn man dafür Risiken in Kauf nehmen muss.«

Schließlich ließ Rabbi Isaak seine Bedenken beiseite und fuhr auf Rosch ha-Schanah nach Uman. Nach Rosch ha-Schanah kam er zum Schluss, dass es unmöglich sei, nach Hause zurückzukehren. Er wäre sicherlich ohne Broterwerb, und seine zweite Frau gehörte zudem zu den Gegnern des Chassidismus. Jetzt würde sie den Verlust ihres Einkommens gegen ihn ins Feld führen. Er würde unter den Chassidim umherwandern und den weltlichen Geschäften vollständig entsagen müssen.

Er wusste aber nicht, wohin er sich für den Anfang wenden sollte und gelangte so abermals zu seinem Vater, um bei ihm sein verbittertes Herz auszuschütten. Am Ende ihres Gesprächs fragte er seinen Vater, wohin er zuerst reisen solle. Rabbi Nathan in seiner großen Weisheit verstand die Dinge anders. »Im Gegenteil! Kehre direkt in dein Heim nach Tulczin zurück! Falls deine Frau mit dir zu zanken und zu schreien beginnt, antworte nicht, sondern schweige! Wenn sie dich bei deinen Verrichtungen im Haus stört, fürchte dich nicht und lasse nicht von deiner Beschäftigung ab, sondern sage ihr deutlich, du seist der Herr im Haus! Falls sie ihre Hand gegen dich erhebt, um dich zu schlagen, erhebe deinen Stock! Kurz und einfach, fürchte dich überhaupt nicht vor ihr! Im Zusammenhang mit deinem Broterwerb: Gott ist groß und wird helfen!«

Rabbi Isaak eilte also, um die Anordnungen seines Vaters zu erfüllen und kehrte nach Tulczin in sein Heim zurück. Alles geschah so, wie es sein Vater beschrieben hatte: Seine Frau fing an zu schreien, und er schwieg, sie störte ihn bei seinen Verrichtungen, und er tat das Seine: »Ich bin Herr im Haus!« Sie erhob ihre Hand gegen ihn, und er begegnete ihr mit dem Stock. An seine Arbeit bei der Post dachte er nicht mehr.

Am nächsten Tag traf ihn Rabbi Jossel auf der Straße. Erstaunt fragte er ihn: »Warum kommst du nicht zur Post? Fürchte dich nicht, komme wieder zur Post und alles wird so sein, wie es bisher war!«

Als der Rüsttag des Jom Kippur kam – früher fürchteten sich die Juden wahrhaft vor diesem Tag des Gerichts! – handelte auch seine Frau entsprechend und versöhnte sich mit ihrem Mann. Alles war friedlich wie ehedem, und der treue Sohn beeilte sich, dies seinem Vater mitzuteilen. Rabbi Nathan meinte dazu: »Ein Glück für unsere Genossen, dass Jom Kippur immer so kurz auf Rosch ha-Schanah folgt!«

Gleichnisse

Das Sehnen zwischen Vater und Sohn

Das Verdienst, wirklichen Zaddikim Geld zukommen zu lassen, ist sehr groß und kostbar.

Dies kann am besten mit einem Gleichnis verstanden werden:

Ein Sohn war seinem Vater fern. Der Sohn sehnte sich nach seinem Vater, ebenso der Vater nach dem Sohn. Eines Tages entschied sich der Vater, sich auf den Weg zu seinem Sohn zu machen. Ebenso entschied sich der Sohn, zu seinem Vater zu reisen. So bewegte sich jeder in die Richtung des anderen. Je näher sie einander kamen, desto größer wurde ihr Verlangen, den anderen zu sehen.

Sie reisten einander stetig entgegen, der Vater dem Sohn und der Sohn dem Vater. Schlussendlich waren sie einander sehr nahe, es trennten sie nur noch zwei Meilen. Der Vater fühlte ein dermaßen starkes Sehnen nach dem Sohn, dass er das Gefühl hatte, es nicht mehr ertragen zu können. Der Sohn hatte ebenfalls das Gefühl, dass die Spannung nicht mehr auszuhalten war, dass er sogar sterben könne, wenn ihn sein Verlangen überwältigte. Beide entschieden sich, ihr Sehnen beiseite zu lassen und es aus ihrem Bewusstsein zu entfernen.

Genau in diesem Moment fährt ein Wagen vorbei, nimmt den Sohn auf und bringt ihn auf dem schnellsten Weg zu seinem Vater. Wie groß ist die Freude, die der Besitzer des Wagens dem Vater und dem Sohn schenkte, die sich so nach einander sehnten!

Dasselbe gilt für den Zaddik, der ein Sohn Gottes ist. Es gibt immer noch einen Vorhang, der ihn von seinem Vater fern hält. Der Ewige sehnt sich nach dem Zaddik, genau wie sich der Zaddik nach der Nähe Gottes sehnt.

Sie kommen einander stetig näher, bis sie nur noch eine kleine Distanz trennt. Sie nehmen wahr, dass das Sehnen unerträglich wird und entschließen sich, es aus ihrem Bewusstsein zu entfernen.

Gott sagt: »Ist denn dies meine einzige Aufgabe, habe ich nicht viele Welten?« Der Zaddik sagt sich: »Habe ich denn dieses Sehnen als einzige Form des Gottesdienstes? Es gibt noch andere Gebote, die ich erfüllen muss, wie Zizit, Tefillin und andere.« So entschließen sie sich, ihr Verlangen beiseite zu legen.

Genau in diesem Moment kommt ein Jude mit einem Wagen angefahren. Er bringt dem Zaddik seinen Unterhalt, und bringt ihn so Gott näher. *Der Gerechte isst zur Sättigung seiner Seele* (Sprüche 13,25). Dies ist so gut wie wenn »er deine Seele mit Glanz sättigen wird.« (Jesaja 58,11) Daraus ergibt sich, dass der große und wahre Zaddik durch seinen Unterhalt und durch seine Nahrung den Glanz des göttlichen Lichts erfährt. Durch den Glanz verschwindet der trennende Vorhang, und der Zaddik kann Gott näher treten.

Zu wieviel Freude hat die Person Anlass gegeben, die dem wahren Zaddik seinen Unterhalt brachte! Er brachte den Zaddik dem Ewigen, gepriesen sei er, näher!

*

Bodensatz

Wenn jemand beginnt, Gott wirklich zu dienen und sich einem wahren Zaddik anzuschließen, wird er oft von schlechten und verwirrenden Gedanken überfallen.

Dies gleicht einem Gefäß, das mit Wasser gefüllt ist. Das Wasser scheint vollkommen rein zu sein. Wenn du aber beginnst, im Wasser zu rühren oder es auf das Feuer zu stellen, sodass es zu kochen beginnt, siehst du, wie der ganze Bodensatz und alle Abfallstoffe nach oben steigen. Jemand muss beim Wasser stehen und die Verunreinigungen immer wieder entfernen.

Am Anfang schien das Wasser vollkommen rein zu sein. Nachher wurden die darin enthaltenen Verunreinigungen sichtbar. Dies ermöglichte es, den Bodensatz im Wasser zu entfernen. Erst nachdem der im Wasser enthaltene Unrat entfernt wurde, ist das Wasser wirklich rein.

Dasselbe gilt für den Menschen. Bevor er beginnt, sich auf den Dienst Gottes einzulassen, sind Gutes und Schlechtes in ihm vermischt. Weil sie so eng miteinander verbunden sind, wird das Böse überhaupt nicht sichtbar.

Später, wenn dieser Mensch beginnt, sich auf den Dienst Gottes einzulassen und sich einem wahren Zaddik anzuschließen, fängt ein Prozess der Reinigung und der Klärung an. Der Unrat und das Schlechte steigen – wie in unserem Gleichnis – zuweilen hoch. Jemand muss ihm beistehen und den Schmutz und den Unrat immer wieder entfernen. Am Ende ist dieser Mensch klar und rein.

Man könnte denken, es sei möglich, den Abfall und den Unrat sofort zu entfernen, wenn ein Mensch im Materiellen versunken war und beginnt, Gott näher zu kommen. Sein Geist ist aber vollständig mit dem Unrat vermischt; mit der Entfernung des Unrats würde man gleichzeitig auch den Geist entfernen.

Daher muss man äußerst vorsichtig vorgehen und die Reinigung in kleinen Schritten vollziehen.

*

Der Schlüssel zur Schatzkammer

Der Rebbe sprach einmal über berühmte Wundertäter. Dazu erzählte er eine Geschichte:

Es war einmal ein König, der hatte zwei Söhne. Der eine war klug, der andere ein Narr. Den Narren ernannte er zum Schatzmeister, während er dem Klugen kein Amt übergab. Er sollte sich nur immer in der Nähe des Königs aufhalten.

Das Volk konnte dies nicht verstehen. Derjenige, der nicht klug war, hatte ein wichtiges Amt inne. Jeder, der etwas in die Schatzkammer des Königs bringen oder dort etwas holen wollte, musste mit dem Narr verhandeln. Gleichzeitig hatte der weise Sohn kein bestimmtes Amt.

Der König erklärte dies dem Volk: »Zeugt es denn von Größe, wenn jemand aus einem bereits bestehenden Schatz Geld verteilt? Der Weise sitzt bei mir, denkt nach und kommt auf neue Ideen, die mir nie eingefallen wären. Durch seinen Rat erobere ich Provinzen, von denen ich überhaupt nicht wusste, dass mein Reichtum von dort kommen könnte. Dieser Schatzmeister aber nimmt vom Vorhandenen und verteilt es. Darum ist der weise Sohn viel wichtiger als der Schatzmeister, auch wenn ihr der Eindruck habt, er habe kein Amt. Von ihm stammen alle Schätze.«

Weisheiten

Der stille Schrei

Wisse: Du kannst laut schreien *mit der Stimme des leisen Schweigens.* (1. Könige, 19,12) Du kannst sehr laut schreien, ohne dass dich ein Mensch hört, da kein Klang hervorkommt. Du schreist *mit der Stimme des leisen Schweigens;* jeder Mensch ist dazu in der Lage.

Stelle dir den Schrei in Gedanken vor. Stelle dir den Schrei ganz genau vor, mit dem Klang, der zum Schrei gehört. Bleibe dabei, bis du wirklich *mit der Stimme des leisen Schweigens* schreist, ohne dass ein Mensch dich hören würde.

Dies ist in der Tat ein Schrei und nicht einfach eine Einbildung. Es gibt feine Gefäße, die den Schrei zu den Lippen bringen, und andere Gefäße, die ihn in dein Hirn bringen. Daher kannst du den Schrei über diese feinen Gefäße in dein Hirn bringen, bis du tatsächlich in deinem Hirn schreist; indem du dir den Schrei vorstellst, bringst du den Klang des Schreis in dein Hirn.

So kannst du inmitten vieler Menschen stehen, laut schreien, und kein Mensch hört dich. Zuweilen entschlüpft ein leiser Klang, der hörbar ist, da die feinen Gefäße die Stimme in Bewegung setzen können. Dieser Klang ist dann aber sehr leise.

Ohne gleichzeitiges Sprechen ist es einfacher, auf die erwähnte Art zu schreien. Denn wenn man spricht, ist es schwieriger, den Klang zu meditieren, ohne dass ein Klang entsteht.

*

Treue zum Glauben

Der Rebbe sagte: »Viel Atheismus kommt über die Welt!« Er sagte uns häufig: »Wegen unserer Sünden kommt großer Unglauben über die Welt. Glücklich ist, wer in solchen Zeiten seinen Glauben behalten kann.« Er sagte ferner:

»Es nützt überhaupt nichts, dass ich dies vorhersage und dass ich euch auffordere, im Glauben stark zu sein. Die Gottlosigkeit und die Verwirrung werden zunehmen. Bereits Daniel kündigte vor langer Zeit an, dass vor dem Kommen des Messias *viele geläutert, gereinigt und geprüft werden; die Sünder werden Übles tun, aber die Verständigen werden es verstehen.«* (Daniel 12,10)

Glücklich ist, wer der Versuchung widersteht und seinem Glauben treu bleibt. Ihm wird alles Gute – das bald eintreffen wird – zuteil werden, das unsere Propheten und Weisen seit jeher versprochen hatten.

Daher wäre anzunehmen, dass jeder Einzelne klug handle, auf sich selber achte und seinem Glauben treu bleibe. Er müsste keine Prüfung und Läuterung über sich ergehen lassen, nachdem dies schon vor langem angekündigt wurde. Dennoch, obwohl es schon vor langem angekündigt wurde, dennoch wird es eine große Prüfung sein und viele werden straucheln, wie gesagt wurde: *»Die Sünder werden Übles tun.«*

Der Rebbe sagte: »Trotzdem sage ich es euch schon jetzt, wegen der wenigen Treuen, die an ihrem Glauben festhalten werden. Sie werden sicherlich in ihrem Inneren viele Konflikte ausfechten müssen. Es wird sie unterstützen und ermutigen, wenn sie sehen, dass darüber schon früher gesprochen wurde.«

*

Das gebrochene Herz

Ein gebrochenes Herz und Traurigkeit haben überhaupt nichts miteinander zu tun. Das gebrochene Herz hat mit dem Herzen zu tun, während die Traurigkeit aus der Milz kommt.

Die Traurigkeit, die aus der Milz kommt, gehört zur Seite des Bösen, und Gott hasst sie. Das gebrochene Herz hingegen wird von Gott geliebt, es ist ihm sehr, sehr kostbar.

Es wäre gut, den ganzen Tag gebrochenen Herzens zu sein. Aber Menschen eures Ranges gelangen vom gebrochenen Herz leicht zur Traurigkeit.

Bestimme daher eine Stunde am Tag, zu der du gebrochenen Herzens bist. Das heißt, dass du alleine meditieren sollst und dein Herz vor Ihm zerbrichst, gepriesen sei Er. Sei aber den Rest des Tages von Freude erfüllt.

Der Rebbe forderte uns mehrfach auf, unbedingt darauf zu achten, nur eine bestimmte Zeit am Tag gebrochenen Herzens zu sein, nie aber traurig. Der Rest des Tages soll von Freude erfüllt sein.

*

Meditation

Du musst sehr verdienstvoll sein, damit es dir beschieden ist, jeden Tag eine Stunde zu meditieren und zu bereuen, was der Reue bedarf. Nicht jeder hat zu einer bestimmten Tageszeit die dafür nötige innere Ruhe. Bei vielen geht der

Tag vorüber und ist vergangen, ohne dass sie Zeit gehabt hätten, sich zu besinnen, manche kommen ihr ganzen Leben lang nicht dazu.

Daher musst du dich anstrengen und dafür sorgen, dass du dir eine bestimmte Zeit festlegst, zu der du dich gründlich deiner Handlungen besinnst und dir überlegst, ob es richtig sei, deine Tage mit solchem Tun vergehen zu lassen. Der Mensch begreift die Nichtigkeit der diesseitigen Welt nicht, weil er sich nicht in Ruhe besinnt und weil er kein Bewusstsein hat. Selbst wenn er zuweilen in Ruhe nachdenkt, hält die Erkenntnis nicht lange an.

Besäße der Mensch eine tiefere Einsicht, so würde er verstehen, dass alles unsinnig und nichtig ist, vor allem das Streben, berühmt zu sein, die Welt zu führen und weit zu reisen. All dies ist Nichtigkeit und Luftgespinst, da es nicht einmal diesseitigen Genuss vermittelt, sondern mit viel Schmerz und Schande verbunden ist.

Der Rebbe wies einmal einen seiner Anhänger zurecht, der berühmt werden wollte, und sprach zu ihm: »Du kannst ja nicht einmal das Tischgebet richtig sprechen! Alles was du tust, richtest du darauf aus, dass es den Menschen gefällt; du bist nicht in der Lage, auch die kleinste Verrichtung ausschließlich um Gottes willen auszuführen!«

✳

Der Wille

Ich beneide jede aufrichtige Person – jemanden, den man bei uns einen ehrlichen Juden nennen würde – zutiefst. Es scheint sich hier ein Mensch zu bewegen, der genau gleich über Hände, Füße und Glieder verfügt wie der Rest der Welt. Dennoch ist bei ihm etwas Grundlegendes anders: Eine aufrichtige Person ist sehr kostbar.

Das Wichtigste ist der Wille und die Sehnsucht. Sicherlich reicht dies alleine nicht; das Potential muss in die Tat umgesetzt werden. Jemand, der durch die Umstände an der Ausführung einer guten Tat gehindert wird, ist zwar von seiner Pflicht entbunden. Dies gilt aber nur für jemanden, der den Willen besitzt, die Tat auszuführen.

Es darf dich nicht beruhigen, dass du durch die Umstände gehindert wirst. Du musst weiter den starken Wunsch hegen, das göttliche Werk aktiv zu vollbringen. Nur dieser Wille für sich ist bereits sehr wertvoll. Selbst wenn du durch die Umstände gehindert wirst, und es dir nicht zuteil wird, das Werk auszuführen, ist bereits der Wille sehr wertvoll.

✳

Über das Reisen

Jemand fragte den Rabbi einmal, ob er an einen bestimmten Ort reisen solle. Er antwortete ihm: »Wenn du die Möglichkeit hast zu reisen, versteife dich nicht darauf, zu Hause zu bleiben. An jedem Ort, an den du hinfährst, kannst du etwas in Ordnung bringen. Wenn du vorsichtig bist, an deinem Zielort nicht zu sündigen, kannst du überall etwas verbessern; dies kann selbst ein äußerst einfacher Mensch vollbringen. Denn überall, wo du hin kommst, wirst du irgendeine heilige Handlung ausführen: Du betest dort, du isst dort und sprichst dort vor und nach dem Essen einen Segensspruch. Selbst der einfachste Mensch verrichtet an jedem Ort, an dem er sich befindet, einige geheiligte Dinge.«

Es ist dem Menschen sicherlich vom Himmel bestimmt, sich genau an diesen Ort zu begeben, um dort etwas zu reparieren, was nur er reparieren kann. Daher ist es gut, dass du die Gelegenheit erhältst, dorthin zu reisen; sonst würdest du vielleicht gezwungen, in eisernen Ketten dorthin zu gelangen. So wird im Talmud gelehrt: »Jakob wäre auch in eisernen Ketten nach Ägypten gebracht worden, aber sein Verdienst führte dazu und so weiter …«

Dasselbe gilt für jeden Menschen. Es wird dir eine Gunst erwiesen, indem du die Gelegenheit erhältst, dorthin zu reisen. Sonst müsstest du vielleicht in Ketten dorthin gelangen, wie soeben erwähnt. Dies ist auch für einfache Menschen wahr. Denn selbst der einfachste Mensch kann etwas in Ordnung bringen, so lange er darauf achtet, nicht zu sündigen.

✳

Ein eigenes Zimmer

Es ist gut, wenn du ein Zimmer für dich hast, wo du Gott im Gebet und durch das Studium dienen kannst. Ganz gewiss brauchst du zur Meditation und zur Zwiesprache mit Gott ein eigenes Zimmer.

Der Rebbe sagte, es sei gut, auch nur allein in seinem Zimmer zu sitzen. Aber selbst wenn du kein eigenes Zimmer haben kannst, bist du in der Lage, zu meditieren und mit Gott Zwiesprache zu halten.

Der Rebbe sagte, man könne sich auch beim Liegen auf dem Bett einen eigenen Raum schaffen, indem man sich mit einem Leintuch zudeckt. Schon der König David tat dies, wie geschrieben steht (Psalmen 6,7): »Jede Nacht spreche ich von meinem Bett.« Ebenso kannst du über einem Buch sitzen, sodass andere meinen, du studierst, während du in Wirklichkeit mit deinem Schöpfer sprichst.

Es gibt auch weitere Möglichkeiten, falls du wirklich meditieren möchtest. Die Meditation ist die wichtigste Grundlage für Heiligkeit, Reinheit und Umkehr, wie wir dies schon mehrfach besprochen haben.

Aber besser ist es, wenn du dich bemühst, ein eigenes Zimmer zu haben.

*

Sich klein machen

Der Rebbe sprach einmal zu mir wie folgt: »Wenn die Dinge sehr schlecht stehen, mache dich zum Nichts!«

Ich fragte ihn, wie man dies tut. Er antwortete: »Du verschließt deinen Mund und deine Augen und du bist wie nichts.«

Aus diesen Worten können wir etwas Wichtiges lernen. Wenn der Trieb zum Bösen dabei ist, dich zu überwältigen und dich mit schlechten Gedanken verwirrt, sodass es sehr schwer wird, ihn zu besiegen, kannst du dich zum absoluten Nichts verwandeln.

Jedem Menschen gelingt dies zuweilen; verschließe Mund und Augen, lasse deinen Geist los, als ob du keinen Verstand und keine Gedanken hättest.

Jetzt hast du dich vor Gott zum absoluten Nichts gemacht.

*

Andacht

Der Rebbe sprach über die Jugendlichen, die feurig und mit Andacht beteten. Viele Menschen plagten sie, indem sie versuchten, sie abzulenken.

Wenn die Betenden anfingen, sich gegen ihre Peiniger zu wehren, sagten diese: »Wenn ihr wirklich andächtig betet, so solltet ihr gar nicht hören, wie wir euch stören! Eure Andacht sollte so stark sein, dass ihr nichts anderes hört!«

Der Rebbe sagte, dieses Argument sei falsch. Auch ein großer Zaddik, der kräftig und in großer Nähe zu Gott betet, kann abgelenkt werden, wenn ihn jemand auslacht und stört. Auch wenn er wirklich sehr andächtig betet, verursacht eine solche Ablenkung großen Schmerz.

*

Was?

Einmal sagte mir der Rebbe: »Du sprichst häufig mit Menschen. Frage sie: *Was?*« Das Wort *was* betonte er und sprach es laut, aus der Tiefe seines Herzens.

Mit anderen Worten: Es ist richtig, diese Frage Menschen zu stellen, die nicht über ihr Ende nachdenken. Was?

Du hast viele Auseinandersetzungen, Ablenkungen, Hindernisse, Argumente und Ausreden, die dumm und leer sind. Was?

Du sagst, du habest gute Gründe, fern von Gott zu sein – was?

Was wird schlussendlich aus dir werden, was wirst du an deinem Ende tun, was wirst du dem antworten, der dich geschickt hat, was denkst du – was?

Weißt du nicht, dass du ein Fremder auf dieser Erde bist und dass alle Jahre unseres Lebens Täuschung und Lufthauch sind, wie ein vorbeihuschender Schatten und wie eine vergehende Wolke?

Du weißt all dies – was sagst du dazu?

Achte gut auf diese Worte! Bringe sie in die Tiefe deines Herzens und wirf sie nicht hinter deinen Rücken! Wende sie und wende sie abermals, damit du deine Seele rettest!

*

Der Weg zu Gott

Ein – ein wenig – hervorragender Chassid kam einst zum Rebbe. Er war ein älterer Mann und kannte die Schriften des Ari. Er wollte zum Kreis des Rebbe gehören und begann, mit dem Rebbe in der Art der wichtigen Chassidim zu sprechen, indem er sagte, er suche den Weg zum Dienst Gottes.

Der Rebbe antwortete und sprach zu ihm in fragendem Ton: »Zu wissen auf der Erde deinen Weg.« Er meinte damit, der Fragende sei noch vollständig in Irdisches verstrickt, und dennoch erkundige er sich nach dem Weg zur Nähe Gottes.

Den Rebbe störte in dieser Erzählung, dass ihn der Chassid überheblich angesprochen hatte. Er erkundigte sich nach dem Weg zu Gott, als sei er perfekt und als ob ihm nur noch die Kenntnis des Weges fehlte.

Der Rebbe durchschaute dies und wollte, dass der Chassid aufrichtig zu ihm spreche.

*

Gebet und Gefühle

Einer der Anhänger des Rebbe erzählte, dieser habe ihn ermahnt, andächtig zu beten.

Der Rebbe sagte ihm: »Die Stimme erweckt die Gefühle.« Die Umkehrung stimmt auch: Das Gefühl kann die Stimme erwecken.

Bete mit Gefühl. Achte darauf, dein ganzes Herz und alle deine Gedanken in die Worte des Gebets einzubringen. Deine Stimme wird von selber erwachen und du wirst laut beten. Wir konnten dies häufig erfahren.

*

Kinder Gottes

Es ist sehr gut, wenn du bittend deine Klage vor Gott ausschütten kannst, so wie ein Kind, das seinen Vater um etwas bittet. Gott nennt uns Kinder, wie geschrieben steht: »Kinder seid ihr dem Ewigen, eurem Gott.« (Deuteronomium 11,1) Daher ist es gut, wenn du deine Klage und deinen Schmerz vor Gott ausbreiten kannst, wie ein Kind, das sich bei seinem Vater beklagt.

Auch wenn es dir scheinen mag, dass du dich mit deinen Handlungen nicht wie ein Kind Gottes verhältst – dennoch: Gott nennt uns Kinder, wie ich oben erwähnt habe.

Sogar wenn du annimmst, dass Gott dich als sein Kind verstoßen hat, sage dir dennoch: »Ich tue das Meinige und verhalte mich wie sein Kind.«

Wenn du dein Herz im Gebet erwecken kannst, bis du weinst und Tränen aus deinen Augen fließen, ist dies besonders gut.

Mein Großvater, Rabbi Nachman Horodenker, erzählte die folgende Geschichte:

»Ich reiste einmal auf einem Schiff. Das Brot ging aus und wir hatten einige Tage nichts zu essen, bis wir zur nächsten Stadt gelangten. Es wohnten dort Araber, aber keine Juden.

Ein Araber lud mich ein und gab mir zu essen. Ich hatte schon mehrere Tage nichts gegessen, so wusch ich meine Hände und sprach den Segen über das Brot. Bevor ich den ersten Bissen zu mir nahm, kam mir in den Sinn: ›Iss nicht das Brot eines Geizigen!‹ (Sprüche 23,6)

Ein Einfall ist nicht ohne Bedeutung. So wusste ich nicht, was zu tun, denn ich hatte den Segen bereits gesprochen. Dennoch wollte ich – wegen dieses Einfalls –

überhaupt nicht essen. Dann dachte ich: ›Und den Arabern befahl ich, dich zu ernähren‹, und ich begann zu essen.« (1. Könige 17,4. Dieser Vers wird normalerweise übersetzt: »Ich befahl den Raben, dich zu ernähren.« Die hebräische Bezeichnung für *Raben, Orwim,* kann jedoch auch als *Arawim* gelesen und mit *Araber* übersetzt werden.)

Aus dieser Geschichte meines Großvaters kannst du lernen, dass den Menschen manchmal verwirrende Gedanken befallen. Gott hilft aber und schickt dir andere Gedanken, die dich ermutigen können.

So mag es dir zuweilen scheinen, du seist unwürdig, Gottes Kind zu sein. Dennoch musst du das Deinige tun. Gott wird dir helfen und dir ermutigende Gedanken schicken.

*

Freude und Meditation

Wenn du immer in einem Zustand der Freude bist, fällt es dir leicht, jeden Tag eine Zeit zu bestimmen, zu der du mit zerbrochenem Herzen deine Gedanken vor Gott aussprichst. Wenn du aber traurig bist, wird es dir schwer fallen, zu meditieren und deine Gedanken auszusprechen. Du musst dich anstrengen, immer in einem Zustand der Freude zu sein, besonders zur Zeit des Gebets.

Der Rebbe sagte mir, es sei sehr schwer, diese Freude zu erwerben, schwerer als alle andere Formen des Gottesdienstes.

Ein anderes Mal sagte er: »Es scheint, dass es unmöglich ist, die Freude zu erlangen, es sei denn, durch närrisches Verhalten. Mache dich zum Narren, indem du lächerliche und närrische Dinge tust. Nur so wirst du zur Freude gelangen.

Wenn du den Zustand der Freude erreichst, behütet dich Gott persönlich und wird dich vor sexuellen Verfehlungen bewahren.«

*

Die Ruhe im Dienst an Gott

Es ist wichtig, dass du sehr eifrig bist im Dienst an Gott. Bemühe dich jederzeit, so viel wie möglich zu vollbringen.

Taten stehen im Mittelpunkt. Lerne viel, erfülle viele Gebote, bete und schütte dein Herz vor Gott aus.

Sei dennoch nicht hastig! Wenn du in den heiligen Büchern über viele verschiedene Arten des Gottesdienstes liest, magst du dich fragen: »Wie kann ich auch nur eine dieser Formen des Dienstes erfüllen? Wie kann ich je hoffen, alle zu vollbringen?«

Es ist wichtig, dass du nicht hastig bist, indem du alle auf ein Mal ergreifen möchtest! Bewege dich in Ruhe, in sehr kleinen Schritten.

Wenn du hastest und alles auf einmal ergreifen möchtest, wirst du vollständig verwirrt werden. Man kann dies bei einem Brand sehen. In der Hast ergreifen die Menschen Dinge, die sie gar nicht benötigen.

Gehe langsam vor, in Ruhe, Schritt für Schritt. Wenn du zuweilen gar nichts im Dienst Gottes tun kannst – was willst du? Jemand, der durch die Umstände an der Ausführung einer guten Tat gehindert wird, ist von seiner Pflicht entbunden.

Gewöhne dich daran, dich stets nach dem Ewigen zu sehnen. Das Verlangen ist sehr wichtig, und Gott wünscht das Herz.

*

Das frühe Gebet

Es ist richtig, am Morgen so früh wie möglich zu beten, da das Morgengebet äußerst kostbar ist. Wer weiß, ob du später noch dazu kommst, zu beten? Beeile dich daher, und bete so früh wie es dir möglich ist.

✳

Wo kann man Gott nahe sein?

Überall, wo du bist, kannst du Gott nahe sein. Selbst in der tiefsten Hölle kannst du Gott näher kommen und ihm wahrhaftig dienen.

Der Rebbe bemerkte dazu: »Dazu braucht man die Hilfe Gottes oder man erreicht es mit Mühsal und Arbeit. Manchmal braucht man dafür auch beides, eigene Arbeit und auch Gottes Hilfe.«

✳

Der Bodensatz des Geistes

Es gibt einen Bodensatz des Geistes, dieser muss still und ruhig gehalten werden. Wenn du dies erreichst, wünschst du dir nichts mehr in dieser Welt. Alles ist für dich gleich.

»Wenn du gehst, führt sie dich, wenn du dich niederlegst, behütet sie dich, wenn du erwachst, tröstet sie dich« (Sprüche 6,22) bedeutet, dass alles gleich ist. Es gibt keinen Unterschied zwischen dieser Welt, dem Grab und der kommenden Welt. Denn *wenn du gehst, führt dich* die Torah. Auch *wenn du dich niederlegst, behütet sie dich,* denn wenn du dort im Grab liegst, auch dort gibt es Gott und die Torah. Auch *wenn du erwachst* in der kommenden Welt, *tröstet sie dich.* (Mischnah)

Wenn du nichts mehr begehrst, nur noch Gott und die Torah, gibt es keinen Unterschied mehr zwischen dieser Welt, dem Grab und der kommenden Welt. Überall bist du nur mit Gott und der Torah verbunden.

Wenn du aber an dieser Welt hängst, unterscheidet sich diese weite, großzügige Welt vom Grab, das ein enger Platz ist.

Reinige deine Gedanken von dem Bodensatz, und alles wird für dich gleich!

✳

Gottes Ehre ruft

Aus allem, was existiert, ruft Gottes Ehre, denn *die ganze Erde ist von seiner Ehre erfüllt.* (Jesaja 6,3)

Auch die Geschichten der Völker der Welt verkünden Gottes Ehre. In der Schrift steht: »Erzählt unter den Völkern seine Ehre«, denn selbst aus den Erzählungen der Nationen ruft Gottes Ehre. (Psalmen 96,3)

Gottes Ehre ruft ständig. Sie ruft dich dazu auf, ihm näher zu kommen. Gott will dich mit all seinem Erbarmen und mit großer Liebe.

Manchmal entflammst du in deinem Gebet. Du beginnst mit großem Feuer und starker Lust zu beten, und das Gebet ist in deinem Munde geläufig. Es ist das Licht Gottes, das sozusagen in das Gebet gekleidet wird und dich zum Dienst aufruft.

Die Flammen, die du im Gebet entfachst, sind ein Funke Gottes. So sagt die Schrift: »Er ist dein Lob, er ist dein Gott.« (Deuteronomium 10,21) Mit anderen Worten: Gott selber ist das Lob und das Gebet und manchmal betest du direkt vor Gott.

Auch wenn sich Gott von dir entfernt und weit von dir ist, musst du beten und ihm dein Gebet nachwerfen. So sagt die Schrift: »Wirf deine Last auf Gott«, (Psalm 55,23) das heißt, du sollst ihm deine Gebete nachwerfen, wenn er fern von dir ist. Dies ist die Bedeutung des Ausspruchs im Sohar: »Verdienstvoll ist derjenige, der es versteht, Pfeile zu werfen.« Dabei handelt es sich um die Gebete, die Gott nachgeworfen werden.

*

Lilith

Freude kann deine Kinder vor dem Tod schützen. Die dunkle Macht, die sie umbringt, heißt Lilith. Freude ist das Gegenteil von Lilith. (Lilith wird mit dem hebräischen Wort für *Nacht, Lailah* in Verbindung gebracht. Diese wiederum wird mit dunkler Stimmung und Depression assoziiert.)

*

Die Stimmung zum Gebet

Der Rebbe forderte uns häufig dazu auf, mit voller Kraft zu beten. Wir sollten unsere ganze Energie in die Worte des Gebets legen.

Er sagte uns, dass sich ein Mensch zum Gebet zwingen soll. Dies entspricht nicht der verbreiteten Meinung, dass Gebet müsse von alleine fließen. Das Gegenteil ist wahr: Man muss sich mit aller Macht zum Gebet zwingen.

Ein anderes Mal sagte er: »Wenn du andächtig betest, das heißt, dass du deine Gedanken mit deinen Worten verbindest und deinen eigenen Worten zuhörst, dann fließt deine Energie von alleine in den Text des Gebets. Deine Energien warten beständig darauf, zusammengefasst und in einen heiligen Text eingeschlossen zu werden.

Wenn du konzentriert betest, fließen deine Energien von alleine in das Gebet. Du wirst mit voller Kraft beten, ohne dass du etwas erzwingen musst.«

✳

Das Gespräch mit Gott

Der Rebbe sprach mit uns häufig über das Gespräch mit Gott.

Sprich mit Gott! Überlege dir, was deine Aufgabe auf dieser Welt ist. Sei gut zu dir selber und breite deine Arme im Bittgebet aus. Bitte Gott, dass er dir helfe, ihn zu finden.

Sprich zu Gott in der Sprache, in der du im Alltag sprichst. Argumentiere mit ihm, bitte ihn in jeder nur denkbaren Form.

Der Rebbe sagte uns häufig: »Wer sich jeden Tag Zeit nimmt, mit Gott zu sprechen, wird sicher seine Nähe erlangen.« Auch wenn du die Erfahrung machst, dass du dies über Tage und Jahre tust, ohne Gott wirklich näher zu kommen: Du wirst dein Ziel schlussendlich erreichen.

✳

Störungen beim Gebet

Der Rebbe erklärte uns bereits, dass wir überhaupt nicht auf ablenkende oder verwirrende Gedanken beim Gebet achten sollen. Wir sollen einfach unseren Teil tun und nach der vorgegebenen Ordnung beten. Die dem Gebet fremden Gedanken sollen wir vollständig ignorieren, ihnen keinerlei Aufmerksamkeit schenken und einfach unserem Gebet folgen.

Der Rebbe sagte auch, die Ablenkungen beim Gebet hätten eine wichtige Funktion. Es gibt nämlich starke anklagende Mächte, die sich unserem Gebet entgegenstellen. Wenn ein Gebet in fremde Gedanken gekleidet ist, fällt es diesen Mächten nicht auf und die Anklage wird schwächer. So kann das Gebet besser in die Höhe steigen.

Gott, der die Herzen prüft, kennt das Innerste der Wahrheit und weiß, dass – auch wenn wir zuweilen abgelenkt werden – im Zentrum unserer Gedanken Gott steht. Gott blickt auf das Innere unserer Absicht und nimmt das Gebet in Liebe entgegen.

Dies ist die Bedeutung des Verses: »Viele Gedanken sind im Herzen eines Mannes, doch der Rat Gottes bleibt bestehen.« (Sprüche 19,21) Auch wenn zur Zeit, da er betet, viele Gedanken im Herzen eines Menschen sind – weil er abgelenkt wird –, bleibt der Rat Gottes bestehen. Der innerste Punkt in Herz und Gedanken wird *der Rat Gottes* genannt, und auf dieser Ebene bist du ausschließlich auf Gott ausgerichtet.

Beachte darum die fremden Gedanken und Ablenkungen nicht, sondern bete einfach nach der vorgegebenen Ordnung.

*

Das innere Feuer beim Beten

Manchmal fehlt deinem Gebet das innere Feuer, sodass du das Feuer selber entfachen und dein Herz erwärmen musst. Dasselbe tust du vielleicht, wenn du zornig bist; du kannst dich in deinen Zorn richtig hineinsteigern.

Du kannst dieses auch in einem heiligen Zusammenhang nutzen. Manchmal musst du dir für den Text des Gebets einheizen, in der gleichen Art, wie sich jemand in seinen Zorn hineinsteigert. Später folgt die echte Wärme des Gebets. Du wirst erleben, wie sich dein Herz für Gott entflammt, und du wirst mit großer Andacht beten.

✳

Die Jahreszeiten

Der Rebbe sagte: »Winter ist Schwangerschaft und Sommer ist Geburt.«

Danach sprach er zu uns wundersame Dinge, aber das meiste wurde vergessen. Ich erinnere mich noch daran, dass er vom bald beginnenden Sommer sprach. Dieses Gespräch fand im Nissan kurz vor Pessach statt, am dritten Tag nach der Beschneidung seines Sohns Sch'lomoh Efraim.

Er sagte damals: »Im Winter sterben alle Pflanzen und Gräser. Ihre Kraft ist verbraucht und sie können als tot betrachtet werden. Wenn der Frühling kommt, erwachen sie alle wieder und leben wieder.

Dies ist die richtige Zeit, um zum Meditieren in die Felder zu gehen und mit Lust und mit Sehnen zu Gott zu beten.« Der Rebbe sprach damals ausführlich über dieses wunderbare Thema und über andere Dinge.

✳

Der Schatten

Das Wichtigste ist, alle persönlichen Charaktereigenschaften so zu reduzieren, bis sie null und nichtig sind.

Reduziere am Anfang eine Charaktereigenschaft, bis sie nicht mehr besteht. Tue dies nachher mit einer weiteren Charaktereigenschaft, bis auch diese nicht mehr existiert. Mache mit deinen Charaktereigenschaften so weiter, bis alle vollständig aufgelöst sind.

Im gleichen Maß, wie du deine Charaktereigenschaften auflöst, leuchtet und offenbart sich dir Gottes Pracht. Das wichtigste Element des göttlichen Lichts ist seine Pracht, wie geschrieben steht: »Die Erde leuchtete von seiner Pracht.« (Ezechiel 43,2)

Wenn du aber dem Geistigen Materie in den Weg stellst, entsteht ein Schatten. Die Größe des Schattens hängt von der Dichte und der Größe dessen ab, was du in den Weg stellst. Wenn du zum Beispiel einen Stab in das Licht der Sonne stellst, entsteht ein kleiner Schatten, wenn du einen größeren Gegenstand nimmst, wird auch der Schatten größer.

Der Schatten ist aber das Verstecken und Verbergen des Lichts, wie du weißt. Je nachdem, wie tief du in ein Gefühl oder eine Lust verstrickt bist, entsteht ein Schatten im göttlichen Licht und es wird ein Teil davon verborgen. Wenn du aber einen Teil deiner Gefühle und Lüste auflöst, entfernst du den Schatten und das göttliche Licht wird sichtbarer.

Wenn du den Schatten vollständig auflösen kannst, so dass er null und nichtig wird, wird die Pracht Gottes der ganzen Erde offenbar. Es gibt nichts mehr, was das Licht verbergen könnte, und dies ist die Bedeutung von: »Die ganze Erde ist erfüllt von seiner Pracht.« (Jesaja 6,3)

*

Mitgefühl

Du solltest fähig sein, die Probleme eines anderen Menschen in deinem Herzen zu fühlen. Erst recht gilt dies, wenn viele leiden.

Es ist nämlich möglich, von der Not zu wissen und sich vollkommen bewusst zu sein, welcher Schmerz damit verbunden ist. Dennoch fühlst du vielleicht nichts von dieser Bedrängnis in deinem Herzen.

Auf alle Fälle solltest du den Schmerz der Vielen in deinem Herzen wahrnehmen. Wenn du den Schmerz nicht fühlst, solltest du deinen Kopf an die Wand schlagen.

Damit meine ich, dass du deinen Kopf an die Wände deines Herzens schlagen sollst. Dies ist die Bedeutung des Verses: »Wisse heute und nimm dir zu Herzen.« (Deuteronomium 4,39) Du musst dein Wissen in dein Herz bringen!

Später hörte ich, dass der Rebbe sagte, dies sei die Bedeutung des Verses: »Und Hesekiah wendete sein Gesicht zur Wand.« (Jesaja 38,2) Er wendete sein Gesicht, also seinen Kopf und seinen Verstand, zu den Wänden seines Herzens. Das wahre Gesicht ist die Weisheit und der Verstand, die das Angesicht erleuchten.

*

Die betenden Gräser

Als der Rebbe aus Lemberg zurückkehrte, litt er immer noch stark an seinem [von seiner Tuberkulose verursachten] Husten. Er fuhr damals fast jeden Tag aus der Stadt heraus, aus gesundheitlichen Gründen und zu anderen erhabenen Zwecken, die nur ihm bekannt waren.

Während dieser Spaziergänge hörten wir von ihm viele wunderbare Lektionen und manche erhabene Geschichte. Bei einer solchen Gelegenheit blieben wir einmal bei einem Feld stehen. Wir stiegen vom Wagen herunter, während der Rebbe noch sitzen blieb. Wir standen um ihn herum.

Die Zeit für das nachmittägliche Minchah-Gebet nahte, und wir wollten dort beten. Der Rebbe sagte: »So wie ihr um mich herumsteht, sehe ich alle Gräser, wie sie um euch herumstehen und an eurem Gebet teilhaben wollen.«

*

Wo meditieren?

Ich fand in einem Manuskript eines Freundes, dass der Rebbe gesagt habe, es sei besser, in den Wiesen außerhalb der Stadt zu meditieren, denn die Gräser erwecken das Herz.

*

Formen des Gebets

Der Rebbe sprach einst mit einem Jugendlichen. Er ermutigte ihn, mit seinem Schöpfer in seiner Alltagssprache zu reden, wie es seinem Sinn entsprach.

Er sagte ihm, dies sei die ursprüngliche Form des Gebets gewesen. Jeder sprach in seiner Muttersprache vor dem Ewigen aus, was ihn in seinem Herzen beschäftigte.

Maimonides erklärt dies ebenfalls schön zu Beginn der *Gesetze des Gebets.* (1,24) Er hält dort fest, dies sei die wichtigste Form des Gebets gewesen, bis die *Männer der großen Versammlung* die Notwendigkeit sahen, eine Gebetsordnung festzulegen. (Der Gerichtshof, den Esra einsetzte und der 392–310 v. d. Z. bestand. Mischnah Awot 1,1.)

Auf jeden Fall ist dies nach dem Gesetz die ursprüngliche Form des Gebets. Darum ist es auch heute, wo wir nach der Ordnung beten, die von den Männern der großen Versammlung festgelegt wurde, richtig, dass du dich daran gewöhnst, dich mit deinen persönlichen Gebeten in deiner Alltagssprache an Gott zu wenden. So dienst du ihm wirklich, denn dies ist der Kern des Gebets.

Wir haben an mehreren Stellen erwähnt, wie wichtig es ist, dass du diese Praxis übst. Auf diese Weise sind alle Zaddikim zu ihrer hohen Stufe gelangt.

*

Erhobene Hände

Rabbi Naftali erzählte mir, er habe gehört, wie der Rebbe sagte: »Das Herz eines jüdischen Menschen muss so stark von Gott angezogen werden, dass jeder Herzschlag eine Flamme ist, die sich nach Gott sehnt.« Der Rebbe gestikulierte damals mit seinen Händen, um zu unterstreichen, was er meinte.

Der Rebbe sagte: »Selbst wenn du mit anderen zusammensitzt, erhebe deine Hände und dein Herz zu Gott. Rufe ihn mit sehnender Seele an!« Er erhob dann sehr bewegt seine Hände und rezitierte mit bittender und sehnender Stimme den Vers: »Verlasse mich nicht, Ewiger, mein Gott.« (Psalm 38,22)

Der Rebbe zeigte dies als Vorbild, um klarzumachen, dass du dich, selbst wenn du mit anderen zusammen bist, mit starkem Gefühl an Gott wenden kannst.

*

Das Spinnennetz

Ein Anhänger des Rebbe erzählte mir, er sei mehrere Male bei ihm gewesen mit der Absicht, ihn zu sprechen. Er war ihm aber unmöglich, seinen Mund zu öffnen und auszusprechen, was sein Herz beschäftigte.

Einmal war er beim Rebbe und beabsichtigte erneut, mit ihm sofort zu sprechen, war aber dazu nicht in der Lage.

Der Rebbe bat ihn, ihm seine Schuhe zu reichen, damit er sie zu Ehren des Schabbat anziehe. Es war nämlich freitagnachmittags, und der Rebbe war gerade aus dem Bad gekommen. Als er ihm die Schuhe reichte, eröffnete der Rebbe das Gespräch und sagte ihm: »Gewöhne dir an, mit Gott zu sprechen. Danach wirst du in der Lage sein, auch mit mir zu sprechen.«

Der Mann war später tatsächlich in der Lage, mit dem Rebbe zu sprechen, auch wenn es ihm noch schwerfiel.

Der Rebbe sagte ihm: »Es war einmal ein Krieger, der sich gürtete, um eine starke Mauer zu überwinden. Als er zum Tor kam, war es von einem Spinnennetz verschlossen. Gibt es etwas Dümmeres, als von einem Spinnennetz den Weg versperrt zu bekommen?«

Nachher sagte er ihm: »Das Wichtigste ist die Sprache. Mit der Sprache kannst du alles erobern und alle Kriege gewinnen. Du kannst auch in Gedanken meditieren, aber die Sprache ist das Wichtigste!«

Das heißt, es kann dir schwerfallen, dich vor Gott oder einem Zaddik auszusprechen, weil du schamhaft und schwerfällig bist; es fehlt dir die heilige Frechheit.

Dies ist aber ein großer Fehler. Du wünschst doch, mit deinem Sprechen einen wichtigen Krieg zu gewinnen, nämlich den Krieg gegen den Trieb zum Bösen.

Du stehst kurz vor dem Sieg, du bist dabei, mit deinen Worten Mauern niederzureißen. Möchtest du dich durch eine kleine Hürde, zum Beispiel deine Schamhaftigkeit, am Reden hindern lassen? Diese Hürde ist wie ein Spinnennetz im Vergleich zu den Mauern, die du durch dein Sprechen niederreißen möchtest.

Dieser Mann erzählte mir auch, dass ihm der Rebbe verordnet habe, zwei Stunden am Tag zu meditieren. Die erste Stunde sollte er meditieren und sich zum Sprechen vorbereiten. Nachher sollte er eine Stunde lang sprechen.

*

Das Gebet um alltägliche Bedürfnisse

Einmal sprach der Rebbe mit einem seiner Anhänger über Bekleidung. Er sagte ihm: »Du musst für alles beten. Wenn dein Gewand zerrissen ist und du brauchst ein neues, bete zu Gott, dass er dir Kleider zum Anziehen gebe. Dasselbe gilt für alle großen und kleinen Bedürfnisse: Gewöhne dich daran, immer Gott um ihre Befriedigung zu bitten.

Im Zentrum steht das Gebet um das Wichtigste, nämlich darum, dass Gott dir helfen möge, in seiner Nähe zu sein. Dennoch musst du auch für die Befriedigung deiner alltäglichen Bedürfnisse beten.

Vielleicht gibt dir Gott Kleider, Nahrung und alles andere, was du brauchst, auch ohne dass du ihn darum bittest. Aber dann bist du wie ein Tier. *Gott gibt dem Tier seine Nahrung,* ohne dass es betet. (Psalm 147,9)

Wenn du deinen Lebensunterhalt ohne Gebet erhältst, wirst du in der gleichen Form wie ein Tier am Leben erhalten. Der Mensch soll seinen Lebensunterhalt und seinen Bedarf ausschließlich durch Beten und Bitten von Gott erhalten.«

Der Rebbe sagte mir einmal im Zusammenhang mit einer kleinen und unwichtigen Sache, die ich benötigte: »Bete dafür zu Gott.«

Ich stand da und staunte. Ich wunderte mich, warum ich wegen einer solchen Kleinigkeit beten sollte, die ich nicht einmal unbedingt benötigte.

Der Rebbe fragte mich: »Ist es unter deiner Würde, Gott um eine solche Kleinigkeit zu bitten?«

*

Steter Tropfen

Der Rebbe sagte im Zusammenhang mit Meditation und dem Gespräch mit dem Schöpfer: »Selbst wenn viele Tage und Jahre vergehen, und du hast das Gefühl, du habest mit deinen Worten überhaupt nichts bewirkt, höre nicht damit auf. Jedes Wort wirkt.«

Als Parabel erwähnte er Wasser, das auf einen Stein fließt. Wir haben den Eindruck, das Wasser vermöge nichts gegen den harten Stein. Am Stein ist keine Wirkung sichtbar. Wenn das Wasser andauernd auf den Stein fällt, ist in diesem am Ende ein Loch. Das können wir mit unseren Augen sehen.

Auch wenn du ein steinernes Herz hast, auf das deine Worte und deine Gebete keinen Eindruck machen: Nach einigen Tagen oder Jahren wird dein steinernes Herz durch deine Worte durchlöchert.

✳

Traurigkeit

Traurigkeit ist mit Zorn und Verstimmung verwandt. Wenn du ständig traurig bist, ist es, als würdest du dich bei Gott beklagen, dass er deine Wünsche nicht erfüllt.

Jemand mit gebrochenem Herzen hingegen gleicht einem Kind, das seine Eltern anfleht, oder einem Säugling, der weint, weil seine Eltern fern sind.

✳

Die Macht der Gedanken

Achte genau auf deine Gedanken, denn Gedanken können lebenswichtig sein.

Wisse: Je höher eine Funktion beim Menschen ist, desto weiter reicht sie. Mit dem Fuß kannst du zum Beispiel eine Sache fortbewegen, aber die Reichweite deiner Hand ist größer. Deine Sprache reicht noch weiter, denn du kannst mit jemandem reden, der weit entfernt ist. Dein Gehör ist eine höhere Funktion, darum kannst du auch sehr weit entferntes Gewehrfeuer hören. Dein Auge reicht noch weiter – du kannst bis zum Himmel sehen.

Je höher die Funktion ist, desto weiter reicht sie. Das Denken steht höher als alle anderen Funktionen und kann viel Erhabenes erfassen. Darum musst du mit deinen Gedanken äußerst vorsichtig umgehen.

*

Über Furcht und Begierde

Die meisten Dinge oder Menschen, vor denen du dich fürchtest, können dir überhaupt nichts anhaben.

Nur an deinem Ende, wenn du tot bist, auf dem Boden liegst und deine Füße zur Tür weisen, siehst du wirklich klar. Du blickst auf dich und siehst: Alle Ängste, die du vor irgendwelchen Menschen hattest, die deine Gegner waren, waren närrisch. Du hast dich vergeblich vor ihnen gefürchtet. Was könnte dir ein Mensch antun?

Dasselbe gilt für die Begierden. Du wirst sehen, dass du für diesen Unsinn deine Tage wie einen Hauch vergehen ließest, ohne dass dich jemand dazu gezwungen hätte.

In diesem Thema liegt aber auch eine tiefere Bedeutung. Es gibt Dinge, vor denen du dich fürchtest, obwohl dir klar bewusst ist, dass dir diese Sache nichts schaden kann. Dennoch fürchtest du dich, da der Grund für deine Furcht nicht in der Sache, sondern in *deinem Inneren* liegt.

So sehen wir Menschen, die sehr furchtsam sind. Sie fürchten sich vor lächerlichen Dingen, obwohl sie selber wissen, dass ihre Angst närrisch ist. Dennoch können sie ihre Furcht nicht überwinden.

Wir sehen auch, dass man einen Menschen erschrecken kann, wenn man hinter seinem Rücken Lärm macht. Er erschrickt sofort, bevor er weiß, was der Grund für seine Angst ist. Er fürchtet sich unverzüglich, bevor ihm seine Furcht bewusst wird. Wir sehen, dass seine Furcht nichts mit seinem Bewusstsein zu tun hat. Ihr Ursprung liegt vielmehr in seinem Inneren.

Genau dasselbe gilt für die Begierden. Obwohl du weißt, dass eine bestimmte Begierde närrisch ist – dennoch gibt es in dir etwas, das begehrt.

Wenn du dich selber gut kennen lernst, kannst du mit Leichtigkeit alle Furcht und Angst von dir fern halten. Das Gleiche gilt für alle Begierden: Wenn du weißt, dass in Wirklichkeit nichts an ihnen ist, sondern dass es etwas bei dir gibt, das sich fürchtet und begehrt, kannst du dies mit Leichtigkeit überwinden. Jeder Mensch kann frei wählen. Du kannst dein Bewusstsein mit Leichtigkeit daran gewöhnen, dieses Ding in dir auf Distanz zu halten, von dem die Ängste und Begierden kommen.

*

Über das Vergessen

Die meisten Menschen betrachten das Vergessen als großen Mangel. Nach meiner Meinung ist es sehr nützlich.

Gäbe es nicht das Vergessen, wäre es unmöglich, Gott zu dienen. Würdest du dich an alles Vergangene erinnern, könntest du dich keinesfalls erheben, um das Werk Gottes zu verrichten. Alles, was dir bisher widerfahren ist, würde dich stören.

Durch das Vergessen kannst du Vergangenes beiseite lassen. Der Weg des Rebbe war, alles Vergangene vollkommen gehen zu lassen.

Du bist gut beraten, dich so zu verhalten, wenn du Gott dienen möchtest. Häufig wirkt Vergangenes störend, vor allem beim Gebet. Dann kommen die Erinnerungen und lenken dich ab. Auch geschäftliche oder familiäre Angelegenheiten können dich stören: »Ich habe mich so und so verhalten, besser wäre es, so zu handeln.« Während du Gott durch das Studium der Torah oder durch das Gebet dienen möchtest, kommen dir deine Fehler in den Sinn, dass du dich bei dieser oder jener Gelegenheit nicht richtig verhalten hättest. Dieses Problem kommt häufig vor und ist jedem Menschen bekannt.

Das Vergessen ist die beste Lösung dafür. Sobald ein Ereignis vergangen ist, vergiss es und denke nicht mehr darüber nach. Fange nie wieder an, darüber nachzudenken! Verstehe dies gut, denn es ist ein sehr wichtiges Konzept!

*

Zum
Verschenken
schön

Spiritualität und Literatur

NEU
Die Erde spendet allen Leben
Gedanken zur Natur
Herausgegeben von Monika und Udo Tworuschka
Ca. 112 S. Halbleinen
DM 24,80 öS 181,- sFr 23,-
ISBN 3-545-20187-2
Die Herausgeber öffnen den Blick für das Zusammenwirken von Mensch und Natur, dem der Mensch sich nicht entziehen kann und nicht entziehen soll.

Gandhi, Mahatma
Aus der Tiefe des Herzens
Ausgewählt und übersetzt von Henrike Rick. Eingeleitet und herausgegeben von Martin Kämpchen
144 S. Halbleinen
DM 29,80 öS 218,- sFr 27,50
ISBN 3-545-20164-3

Khalil Gibran und seine Freunde
Im Schatten der Zedern
Worte der Weisheit
Hrsg. von Ursula Assaf-Nowak
128 S. Halbleinen
DM 24,80 öS 181,- sFr 23,-
ISBN 3-545-20161-9

NEU
Das Glück liegt in dir selbst
Eine literarische Glückssuche
Unternommen von Luise und Rainer Thuß
Ca. 128 S. Halbleinen
DM 24,80 öS 181,- sFr 23,-
ISBN 3-545-20186-4
Eine schöne Textsammlung aus dem reichen Schatz der großen Literatur.

Das Glück spricht viele Sprachen
Eine literarische Textsammlung
Zusammengestellt von Luise und Rainer Thuß
140 S. Halbleinen
DM 24,80 öS 181,- sFr 23,-
ISBN 3-545-20173-2
Die Herausgeber haben die schönsten Texte der Weltliteratur gesammelt. Der Band zeigt den gewaltigen Facettenreichtum dessen, was Menschen als Glück erfahren.

Haag, Herbert / Elliger, Katharina
Wenn er mich doch küßte
Das Hohelied der Liebe
112 S. mit 6 farbigen Illustrationen von Marc Chagall
DM 36,80 öS 269,- sFr 34,-
ISBN 3-545-34121-6

Halbfas, Hubertus
Der Sprung in den Brunnen
Eine Gebetsschule
200 S. Gebunden
DM 32,- öS 234,- sFr 29,50
ISBN 3-491-77985-5

Jest, Corneille
Karma, der Geschichtenerzähler
Tibetische Legenden
264 S. mit 10 Illustrationen
Gebunden
DM 39,80 öS 291,- sFr 37,-
ISBN 3-545-20172-4
Auf einer Pilgerreise lässt Karma mit seinen Erzählungen den bunten Kosmos tibetischer Legenden lebendig werden.

C. G. Jung
Über die Liebe
104 S. Halbleinen
DM 24,80 öS 181,- sFr 23,-
ISBN 3-530-41003-9
In der vorliegenden Auswahl von Kurztexten und Zitaten aus C. G.

Jungs Werk finden sich seine wesentlichen Gedanken zum Thema Liebe.

Jung, Mathias
Der Kleine Prinz in uns
Eine Entdeckungsreise
mit Saint-Exupéry
128 S. Gebunden
24,80 DM öS 181,- sFr 23,-
ISBN 3-545-20171-6
Mathias Jung zeigt in eindrück-licher Weise auf, dass »Der Kleine Prinz« von Saint-Exupéry die Men-schen so fasziniert, weil in uns allen ein Stück von ihm verschüttet liegt.

King, Martin Luther
Ich habe einen Traum
Ausgewählt und herausgegeben von Hans-Eckehard Bahr und Heinrich Grosse
140 S. Halbleinen
DM 24,80 öS 181,- sFr 23,-
ISBN 3-545-20165-1

Kurz, Paul Konrad (Hrsg.)
Höre Gott!
Psalmen des Jahrhunderts
288 S. Gebunden
DM 39,80 öS 291,- sFr 37,-
ISBN 3-545-20137-6
Zeitgenössische Gebete u.a. von: Rainer Maria Rilke, Else Lasker-Schüler, Hermann Hesse, Nelly Sachs, Rose Ausländer, H.M. Enzensberger, Kurt Tucholsky.
CD siehe S. 10

Leih mir dein Ohr
Gebete aus aller Welt
Zusammengestellt von
Monika und Udo Tworuschka
140 S. Halbleinen
DM 24,80 öS 181,- sFr 23,-
ISBN 3-545-20174-0
Die Sammlung vereint Gebete aus den großen Weltreligionen: Buddhismus, Christentum, Hinduismus, Judentum, aber auch Gebete von Sikhs, Parsen, japanischen Shintogläubigen und Indianer-Traditionen.

Die letzte Reise des Propheten
Was Khalil Gibran zu erzählen vergaß
Eine Erzählung von Jonas Bühler
60 S. Halbleinen
DM 19,80 öS 145,- sFr 19,-
ISBN 3-545-20176-7
Khalil Gibrans weltberühmtes Buch »Der Prophet« endet mit der Abreise von Almustafa aus Orphalese. Jonas Bühler hat es nun unternommen, die Geschichte des Propheten in der Sprache Gibrans weiter zu erzählen.

Lewis, C. S.
– Gespräch mit Gott
Gedanken zu den Psalmen
Mit einem Vorwort von Erich Zenger
152 S. Gebunden
DM 29,80 öS 218,- sFr 27,50
ISBN 3-545-20152-X

– Über die Trauer
Mit einem Vorwort von Verena Kast
Lebensfunken, Band 1
96 S. Gebunden
DM 19,80 öS 145,- sFr 19,-
ISBN 3-545-20141-4

de Saint-Exupéry, Antoine
– Botschaft der Wüste
Ausgewählt von Peter Schifferli
98 S. Halbleinen
DM 24,80 öS 181,- sFr 23,-
ISBN 3-545-20175-9
Die spirituelle Dimension, die die Wüste für Saint-Exupéry hat, zeigt sich vor allem in diesem kleinen Band, der die schönsten Passagen aus seinem posthum veröffentlichten Buch »Die Stadt in der Wüste« (1948) versammelt.

– Man kennt nur die Dinge, die man zähmt
Zusammengestellt von Rainer Thuß
128 S. Halbleinen
DM 24,80 öS 181,- sFr 23,-
ISBN 3-545-20150-3
Wunderbare Gedanken, Sinnsprüche und nachdenklich stimmende Textpassagen über den langen Weg zur Selbsterkenntnis.

– Was du gibst,macht dich nicht ärmer
Zusammengestellt von Rainer Thuß
144 S. Halbleinen
DM 24,80 öS 181,- sFr 23,-
ISBN 3-545-20160-0
Dieser Band vereint spannende Repor-

tagen, poetische Naturbeobachtungen und kluge Lebensweisheiten.

Schultz, Hans Jürgen
Das Leben leise lernen
Auf den Spuren einer vergessenen Kunst
160 S. Gebunden
DM 29,80 öS 218,- sFr 27,50
ISBN 3-545-20138-4
Ein ansprechendes und anspruchsvolles Brevier der Lebenskunst auf hohem literarischen Niveau.

Schuon, Frithjof
Perlen des Pilgers
Weisheitstexte
Zusammengestellt von Felix Bieri
100 S. Halbleinen
DM 24,80 öS 181,- sFr 23,-
ISBN 3-545-20179-1
Ein schön gestalteter Band, eine Aufforderung zum Innehalten und zur Kontemplation über die großen, hinter allen Religionen und Konfessionen aufscheinenden Wahrheiten.

Schwarz, Ernst (Hrsg.)
Die Glocke schallt, die Glocke schweigt
Buddhistische Weisheit
192 S. Halbleinen
DM 29,80 öS 218,- sFr 27,50
ISBN 3-545-20163-5
Klassische, traditionelle und neuere buddhistische Texte wie Koans, Sutren, kurze Erzählungen und Mönchsbiographien.

Schwarz, Ernst
Das Leben des Bodhidharma
Der Stifter des Zen
256 S. Gebunden
DM 39,80 öS 291,- sFr 37,-
ISBN 3-545-20170-8
Eine spirituelle Biographieerzählung über den Stifter des Zen und den Reichtum buddhistischer Weisheit.

Seattle
Wir sind ein Teil der Erde
Die Rede des Häuptlings Seattle
64 S. durchgehend illustriert von Joelle Lanoe. Halbleinen
DM 19,80 öS 145,- sFr 19,-
ISBN 3-545-20162-7
Der Best- und Longseller indianischer Weisheit zur Achtung und Bewahrung der Natur – als schöner Geschenkband mit vielen indianischen Motiven illustiert.
Ausgabe Broschur
DM 11,- öS 80,- sFr 11,-
ISBN 3-530-81051-7

Die Seele ist wie ein Wind
Weisheit der Religionen
Zusammengestellt von Monika und Udo Tworuschka
104 S. Halbleinen
DM 24,80 öS 181,- sFr 23,-
ISBN 3-545-20166-X
Die großen Themen der Menschheit, die sich in den unterschiedlichen Kulturen und Gottesbeziehungen auf je eigene Weise widerspiegeln.

da Silva Neto, Silvino Alves
Der Eremit
Gespräche am Rande des Meeres
120 S. Englische Broschur
DM 22,80 öS 166,- sFr 22,80
ISBN 3-530-82130-6

Tagore, Rabindranath
Am Ufer der Stille
Ausgewählt, eingeleitet und aus dem Bengalischen übersetzt von Martin Kämpchen
Mit Fotos von Samiran Nandy und Andreas Hoffmann
104 S. mit 25 Duotone-Tafeln. Gebunden. Sonderpreis
DM 19,80 öS 145,- sFr 19,-
ISBN 3-545-33148-2

NEU
Der Traum des Schmetterlings
Taoistische Weisheit
Herausgegeben, aus dem Chinesischen übersetzt und zusammengestellt von Wolfgang Ommerborn
Ca. 120 S. Halbleinen
DM 24,80 öS 181,- sFr 23,-
ISBN 3-545-20183-X
Die hier versammelten Geschichten – manche sind älter als 2000 Jahre – gehören zu den schönsten literarischen Zeugnissen des Taoismus. Sie sind humorvoll, feinsinnig und voller Lebensweisheit.

NEU
Die Weisheit des Rabbi Nachman
Erzählungen und Aphorismen
Herausgegeben von Martin Cunz
Ca. 120 S. Halbleinen
DM 24,80 öS 181,- sFr 23,-
ISBN 3-545-20184-8
Die versammelten Texte enthalten Weisheiten,Lehrsprüche und kurze Erzählungen des Rabbi Nachman von Bratzlaw (1772–1810), eine der schillerndsten Figuren des Chassidismus.

Khalil Gibran

Geschenkausgaben:

Liebesbriefe an May Ziadeh
Aus dem Arabischen übertragen und eingeleitet von Ursula Assaf-Nowak und S. Yussuf Assaf
120 S. mit diversen Farbabbildungen von Khalil Gibran. Gebunden
DM 29,80 öS 218,- sFr 27,50
ISBN 3-530-10021-8
Die Briefe von Khalil Gibran an May Ziadeh sind literarische Zeugnisse einer einzigartigen Seelenverwandtschaft zweier Schriftsteller, die einander nie persönlich begegnet sind.

Die Musik und Der Reigen
88 S. mit 8 vierfarbigen Bildern von Françoise Girardot Hiestand,
Halbleinen mit Lesebändchen
DM 24,80 öS 181,- sFr 23,-
ISBN 3-530-10014-5

Der Narr
Lebensweisheit in Parabeln
64 S. mit 8 vierfarbigen Bildern von Françoise Girardot Hiestand,
Halbleinen mit Lesebändchen
DM 19,80 öS 145,- sFr 19,-
ISBN 3-530-10015-3

Die Nymphen der Täler
Drei Novellen
96 S. Halbleinen mit Lesebändchen
DM 24,80 öS 181,- sFr 23,-
ISBN 3-530-10019-6

Der Prophet
144 S., durchgehend vierfarbig illustiert von Michele Ferri
Englische Broschur
DM 29,80 öS 218,- sFr 27,50
ISBN 3-530-10016-1
Noch nie wurde das erfolgreiche Kultbuch in so origineller Weise grafisch gestaltet wie in dem hier vorliegenden Buch.
CD siehe S. 10

Der Prophet
112 S. mit 12 vierfarbigen Bildern von Françoise Girardot Hiestand,
Halbleinen mit Lesebändchen
DM 29,80 öS 218,- sFr 27,50
ISBN 3-530-10007-2

Sand und Schaum
Aphorismen
80 S. mit 8 Farbaquarellen von Françoise Girardot Hiestand,
Halbleinen mit Lesebändchen
DM 24,80 öS 181,- sFr 23,-
ISBN 3-530-10018-8
Gibrans Einsichten über Endliches und Ewigkeit – kombiniert mit leuchtenden, spontanen Aquarellen.

Die sieben Worte der Weisheit
120 S. mit 7 vierfarbigen Bildern von Françoise Girardot Hiestand
Halbleinen mit Lesebändchen
DM 29,80 öS 218,- sFr 27,50
ISBN 3-530-10004-8

Und die Hoffnung ging vor mir her
128 S. Halbleinen mit Lesebändchen
DM 24,80 öS 181,- sFr 23,-
ISBN 3-530-10020-X

NEU
Wenn die Liebe dir winkt, folge ihr
Seine schönsten Worte über die Liebe
Ausgewählt und mit einem Nachwort versehen von Volker Fabricius
Ca. 112 S. mit vierfarbigen Bildern von Françoise Girardot Hiestand, Halbleinen mit Lesebändchen
DM 24,80 öS 181,- sFr 23,-
ISBN 3-530-10022-6
Khalil Gibran ist der Dichter der Hoffnung und der Sehnsucht. Diese Sammlung vereint seine schönsten Texte, Gedanken und Wahrheiten zu dem großen, stets bewegenden Thema: die Liebe.

Broschierte Ausgaben:

Abgründe des Herzens
76 S. Broschur
DM 17,80 öS 130,- sFr 17,80
ISBN 3-530-26724-4

Erde und Seele
Ungewöhnliche Weisheiten
160 S. DM 29,80 öS 218,- sFr 27,50
ISBN 3-530-10003-X

Gebrochene Flügel
110 S. DM 19,80 öS 145,- sFr 19,80
ISBN 3-530-26717-1

Geheimnisse des Herzens
66 S. DM 17,80 öS 130,- sFr 17,80
ISBN 3-530-26723-6

Die Götter der Erde
64 S. DM 18,80 öS 137,- sFr 18,80
ISBN 3-530-26714-7

Jesus Menschensohn
Seine Worte und Taten, berichtet von Menschen, die ihn kannten
170 S. DM 29,80 öS 218,- sFr 29,80
ISBN 3-530-26716-3

Der Narr
Lebensweisheit in Parabeln
48 S. DM 17,80 öS 130,- sFr 17,-
ISBN 3-530-26721-X

Der Prophet
72 S. DM 19,80 öS 145,- sFr 19,80
ISBN 3-530-26719-8

Rebellische Geister
Geschichten
114 S. DM 19,80 öS 145,- sFr 19,80
ISBN 3-530-26726-0

Das Reich der Ideen
Aphorismen und Betrachtungen
110 S. DM 19,80 öS 145,- sFr 19,80
ISBN 3-530-26725-2

Sand und Schaum
Aphorismen. 64 S.
DM 17,80 öS 130,- sFr 17,80
ISBN 3-530-26722-8

Die Stürme
179 S. Sonderpreis DM 19,80
öS 145,- sFr 19,-
ISBN 3-530-10002-1

Eine Träne und ein Lächeln
183 S. DM 29,80 öS 218,- sFr 29,80
ISBN 3-530-26715-5

Der Vorbote
Gleichnisse und Gedichte
64 S. DM 15,80 öS 115,- sFr 15,80
ISBN 3-530-26728-7

Musik und Spiritualität

Zum 250. Todestag J. S. Bachs am 28. Juli 2000

Die ganze Welt bewundert Bach
Von Kennern für Liebhaber
Herausgegeben und zusammengestellt vonMeinrad Walter
120 S. Halbleinen
DM 24,80 öS 181,- sFr 23,-
ISBN 3-545-20178-3
Dieser Geschenkband versammelt die schönsten Bekenntnisse zu Bach aus 300 Jahren. Die Texte stammen u.a. von: Rose Ausländer, Felix Mendelssohn Bartholdy, Ludwig van Beethoven, Wolf Biermann, Johann Wolfgang v. Goethe.

Walter, Meinrad
Erschallet, ihr Lieder, erklinget, ihr Saiten
J. S. Bachs Musik im Jahreskreis
248 S. mit Notenbeispielen
Gebunden
DM 39,80 öS 291,- sFr 37,-
ISBN 3-545-20200-3
Zum Bachjahr 2000 gibt dieses Buch einen fachlich fundierten und zugleich auch für den musikalischen Laien verständlichen Einblick in die Musik des Thomaskantors.

Ein Hauch der Gottheit ist Musik
Gedanken großer Musiker
Ausgewählt und herausgegeben von Meinrad Walter
112 S. Halbleinen
DM 24,80 öS 181,- sFr 23,-
ISBN 3-545-20155-4
Für alle Liebhaber der Tonkunst versammelt das Geschenkbuch erstmals persönliche Erfahrungen und Einsichten der Musiker.

Fischer, Michael (Hrsg.)
Da berühren sich Himmel und Erde
Musik und Spiritualität
Eine Anthologie
208 S. Gebunden
DM 36,80 öS 269,- sFr 34,-
ISBN 3-545-20140-6
Die spirituelle Dimension der Musik in einem vielstimmigen Konzert von der Antike bis zur Gegenwart.

NEU
Musik sagt mehr als tausend Worte
Musikalisches im Spiegel der Literatur
Herausgegeben und zusammengestellt von Meinrad Walter
Ca. 120 S. Halbleinen
DM 24,80 öS 181,- sFr 23,-
ISBN 3-545-20185-6
Dieser reizvolle Band vermittelt ein lebendiges Bild der Musik im Spiegel der Literatur und ist gleichzeitig

eine Hommage an eine Welt jenseits der Worte: ein Stück »Musik zum Lesen«.

Was wäre das Leben ohne Musik
Gedanken und Gedichte
Ausgewählt und herausgegeben von Michael Fischer
128 S. mit vier Vignetten. Halbleinen
DM 24,80 öS 181,- sFr 23,-
ISBN 3-545-20167-8
Berühmte Denker und Dichter kommen zu Wort, die ihre Gedanken zur Musik aus dem Erlebnis des Hörens heraus entfalten.

Tonträger

Gibran, Khalil
Der Prophet
Gelesen von Otto Sander
MC DM 19,95 öS 160,- sFr 19,95*
ISBN 3-530-26713-9
CD DM 29,95 öS 240,- sFr 29,95*
ISBN 3-530-26712-0
Eines der erfolgreichsten Kultbücher der letzten Jahrzehnte auf MC/CD.

Der Herr ist mein Hirte
Der 23. Psalm in Wort und Ton
Johannes Götz, Orgel
Götz Ertle, Saxophon
Schola Cantorum Neustadt
Karl-Rudolf Menke, Sprecher
CD mit Booklet
DM 29,95 öS 240,- sFr 29,95*
ISBN 3-545-97006-X
Durch Gesang und Orgelmusik, durch Rezitation der Psalmworte und meditativer Auslegungen wird der 23. Psalm neu zum Klingen gebracht.

Höre Gott!
Martin Gotthard Schneider improvisiert zu alten und neuen Psalmen
Sprecher: Rudolf Guckelsberger
CD mit Booklet
DM 29,95 öS 240,- sFr 29,95*
ISBN 3-545-97002-7

Tagore, Rabindranath
Am Ufer der Stille
Aus dem Bengalischen übersetzt von Martin Kämpchen mit Original-Vertonungen aus Bengalen
Gelesen von Otto Mellies
MC DM 19,95 öS 160,- sFr 19,95*
ISBN 3-545-97010-8
CD DM 29,95 öS 240,- sFr 29,95*
ISBN 3-545-97011-6
Die Lieder, Gedichte, Aphorismen und Dramen Tagores gehören zum Tiefsten, was die östliche Spiritualität der Neuzeit zu bieten hat.

Patmos Hörbuch siehe Prospekt
Hörbuch Best.-Nr. 89067-5

*Unverbindliche Preisempfehlung

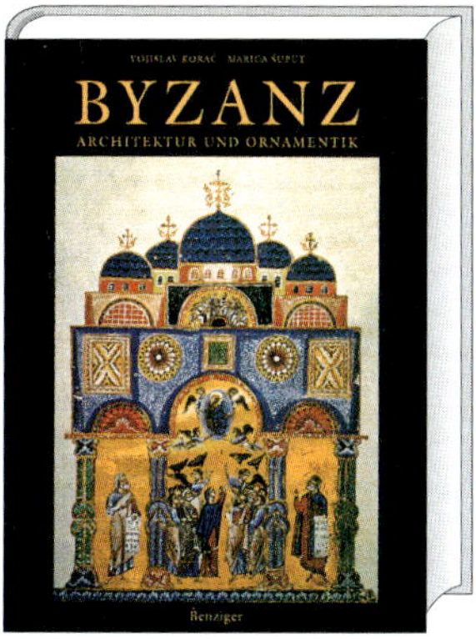

Kunst

Korac, Vojislav / Suput, Marcia
Byzanz
Architektur und Ornamentik
216 S. mit 80 Farbtafeln und über 240 S/W-Abbildungen. Gebunden
DM 128,- öS 934,- sFr 114,-
ISBN 3-545-33156-3
Dieser schön gestaltete Band erläutert zehn Jahrhunderte byzantinischer Baukunst und Ornamentik, die in ihrer Pracht und Fülle die Menschen bis heute faszinieren. Mit über 300 Abbildungen.

Velmans, Tania
Byzanz
Malerei und Mosaike
320 S. Gebunden
DM 148,- öS 1080,- sFr 131,-
ISBN 3-545-33155-5
Von der frühbyzantinischen Ästhetik des 6. Jahrhunderts, ihrer klassischen Ausformung im 8. und 9., über den byzantinischen Humanismus des 13. Jahrhunderts bis zur Entfaltung der Malerei des 15. Jahrhunderts bietet dieser Band beeindruckende Bilder und Einsichten.

Die Sixtinische Kapelle –
Die Deckenfresken
272 S. mit über 300 Farbabb.
Gebunden mit Schutzumschlag im Schuber.
Sonderpreis DM 79,- öS 577,- sFr 72,-
ISBN 3-545-34115-1
Die Bilder der Fresken nach der Restaurierung bringen die ungeahnte künstlerische Ausdruckskraft von Michelangelos Farben ans Tageslicht.

Die Sixtinische Kapelle –
Das Jüngste Gericht
204 S. mit 120 Farbabb.
Gebunden mit Schutzumschlag im Schmuckschuber
Sonderpreis
DM 49,- öS 358,- sFr 45,50
ISBN 3-545-33151-2
Der einzige ausschließlich dem »Jüngsten Gericht« gewidmete Kunstband.

Ich /Wir bestellen über die Buchhandlung

Expl.	Titel	Best.-Nr.

Fordern Sie bitte bei Interesse auch folgende Prospekte an:
Literatur Best.-Nr. 89063-2, Sachbuch Best.-Nr. 89064-0, Hörbuch Best.-Nr. 89067-5

Absender:

Datum/Unterschrift:

Bitte ausschneiden und in frankiertem Umschlag an Ihren Buchhändler oder an die Verlagsadresse einsenden:

Patmos Verlagshaus · Postfach 10 40 64 · 40031 Düsseldorf
Telefon 02 11/1 67 95-55 · Telefax 02 11/1 67 95-75
e-mail: service@patmos.de
Internet: http://www.patmos.de

Patmos Verlagshaus:
PATMOS · ARTEMIS & WINKLER
BENZIGER · WALTER

Auswahlkatalog. Stand Juni 2000. Preisänderungen und Liefermöglichkeit vorbehalten.

Trauer

Wenn du Themen studierst, die mit traurigen Ereignissen zu tun haben – zum Beispiel die Gesetze des Trauerns –, achte darauf, dich darin nicht zu stark zu vertiefen.

Du sollst nicht zu tief in diese Themen eindringen, da die Gedanken starke Macht haben. Daher ist es richtig, solche Themen möglichst schnell zu bearbeiten.

*

Der Kampf zwischen Gut und Böse

Böse Menschen sind von Reue erfüllt, dabei wissen sie gar nicht, was *Reue* ist. Ihre Reue führt dazu, dass ihre Bosheit stärker wird. Die in ihnen aufsteigende Reue bekämpfen sie, indem sie ihre Schlechtigkeit stärker werden lassen.

Du kannst dies mit zwei Menschen vergleichen, die gegeneinander kämpfen. Sobald der eine sieht, wie der andere stärker wird, strengt er sich umso mehr an. Genau dasselbe geschieht, wenn das Böse sieht, wie sich etwas Gutes zu regen beginnt: Es strengt sich umso mehr an. Verstehe dies!

Dies ist ein wichtiger Grundsatz im Dienst für Gott. Es gilt für jeden Menschen: Umso mehr du Gott dienen möchtest, desto stärker kämpft dein innerer Feind gegen dich. Du musst dabei intelligent sein; *mit weiser Überlegung führe Krieg* (Sprüche 20,18), um das Böse jedes Mal besser zu überwinden. Wohl dir, wenn du den Krieg gewinnen kannst!

*

Der Betrüger

Du kannst den Trieb zum Bösen mit jemandem vergleichen, der sich mit geschlossener Faust zwischen den Menschen bewegt. Niemand weiß, was sich in ihr befindet. Er hält die Menschen zum Narren, indem er jeden fragt: »Was halte ich in der Hand?«

Jeder meint, in seiner Hand sei genau das versteckt, was er begehrt. Daher laufen ihm alle nach. Nachher öffnet er seine Hand, und siehe – sie ist leer! Genau das tut der Trieb zum Bösen: Er betrügt die ganze Welt, alle laufen ihm nach. Er betrügt alle, weil er sie meinen lässt, in seiner Hand befinde sich genau das, was jeder Einzelne – je nach seiner Dummheit und seinem Begehren – wünscht. Nachher öffnet er seine Hand, und sie ist leer. Sie enthält nichts, was die Lust befriedigen könnte.

Du kannst die Gelüste dieser Welt auch mit den Lichtstrahlen vergleichen, die du bei Sonnenschein in einem Haus sehen kannst. Wenn du nach diesen Strahlen greifst, merkst du, dass du nichts in der Hand hältst.

✳

Über das Sitzen auf der Toilette und das Morgengebet

Es gibt Menschen, die viel Zeit auf der Toilette verbringen, um vor dem Gebet ihren Körper zu reinigen. Der Rebbe sprach sich sehr entschieden gegen diese Praxis aus und machte sich über diese Menschen lustig.

Er sagte: »Die Torah wurde nicht den Engeln des Dienstes gegeben«, sodass es nicht nötig ist, sich strenger als das Gesetz zu verhalten. Das Gesetz verbietet das Gebet nur, wenn jemand ein akutes Bedürfnis hat. So sagt der

Talmud: »Jemand der es nötig hat, sich zu entleeren, bete nicht«, er spricht also von einem akuten Bedürfnis.

Selbst für den Fall, dass jemand ein solches Bedürfnis verspürt, gibt es bestimmte Regeln für Notfälle, wenn man keine andere Wahl hat. Auf alle Fälle gibt es keinen Grund, in diesem Zusammenhang besonders streng zu sein. Man sollte sich wegen Befürchtungen, überflüssigen Erschwernissen und Narrheit nicht vom Torahstudium und vom Gebet abhalten lassen.

Am besten ist es, am Morgen unverzüglich nach dem Aufstehen zu beten. Wenn du deine Bedürfnisse mit Leichtigkeit verrichten kannst, tue dies, sonst bete sofort. Selbst wenn du leichte Bauchschmerzen hast, kannst du diese ignorieren.

Verbringe nicht zu viel Zeit auf der Toilette. Es schadet deiner körperlichen Gesundheit und viele Krankheiten rühren davon her. Dies gilt insbesondere für unsere Toiletten, in denen man sich niederkauern muss. Wer zu lange in der Toilette kauert, riskiert vor allem, an Hämorrhoiden zu erkranken.

Suche ganz allgemein nicht nach zu strenger Disziplin, da dies zu Depressionen führt. Diese Gesetze wurden nicht für unsere Generationen gegeben.

Auch der Rebbe selber lebte in seiner Jugend in diesem Irrtum. Er unternahm Außergewöhnliches für seine körperliche Reinheit und gefährdete dabei seine Gesundheit und sein Leben. Schlussendlich sah er ein, dass dies närrisch ist und dass man dafür keine kostbare Zeit verschwenden dürfe.

Tatsächlich ist es unmöglich, dass der Körper vollkommen rein von allen Abfällen sei. Selbst wer von einem Schabbat bis zum nächsten fastet, muss sich selbst am Ende der Woche entleeren, obwohl er nichts gegessen hat. Es verbleibt immer ein Rest im Körper.

Der Rebbe sagte, es sei ihm wichtig, über diese Dinge zu sprechen, damit die Menschen nicht zu viel Zeit dafür aufwenden. Selbst wenn man mehr Zeit für die Toilette braucht, ist es besser, sie zu verlassen und wieder zurückzukommen, als lange dort zu sitzen.

*

Was Gedanken vermögen

Wisse, dass Menschen große Macht haben; was sie denken, kann Wirklichkeit werden.

Selbst die Teuerung kann durch Gedanken bewirkt werden. Wenn deine Gedanken voll auf etwas konzentriert sind, wenn also alle Aspekte des Denkens, Unbewusstes und Bewusstes, auf einen Punkt konzentriert sind, ohne Verwirrung und Ablenkung, dann kannst du bewirken, dass etwas tatsächlich so geschieht, wie du es denkst.

Dafür müssen deine Gedanken in alle Einzelheiten gehen. Ein allgemeiner Gedanke wäre in diesem Zusammenhang nur mit einem Entwurf zu vergleichen, der zu Irrtümern führen kann.

Auch beim Studium ist dies nützlich. Wenn du dich stark auf etwas konzentrierst, wird es sicherlich geschehen. Du musst dich aber stark konzentrieren. Du kannst dir zum Beispiel vorstellen, dass du alle vier Teile des Schulchan Aruch mit allen wichtigen Kommentaren zu Ende lernen möchtest. Stelle dir genau vor, wie du sie studierst und in welcher Zeit, dass du zum Beispiel zehn Seiten am Tag lernst, sodass du das Werk in einem Jahr beendet hast. Konzentriere dich bei dieser Imagination so stark, dass du von dem Gedanken vollkommen besessen bist.

Dasselbe gilt für andere Studien. Der Rebbe sagte, dies sei im Ausspruch unserer Rabbinen angedeutet, als sie sagten: »Gedanken nützen selbst für Worte der Torah.« *Nützen* ist wörtlich zu verstehen, sie helfen selbst beim Studium der Torah.

Raschi erklärt dort diese Passage anders, dennoch ist die Interpretation des Rebbe sicherlich zutreffend und diese und jene – die Interpretation Raschis und jene des Rebbe – sind Worte des lebendigen Gottes.

✳

Über Streit und Krieg

Die Welt ist von Streit erfüllt.

Es gibt Streit zwischen Nationen und zwischen Städten.

Es gibt Streit zwischen Familien und unter Nachbarn.

Jeder streitet mit seiner Frau, den Mitgliedern seines Haushalts, seinen Bediensteten und mit seinen Kindern.

Die Menschen vergessen ihr Ziel. Jeden Tag stirbt der Mensch, denn der vergangene Tag kehrt nicht wieder und jeden Tag kommt er dem Tod näher.

Wisse: Der private Streit in der Familie ist das genaue Gegenstück zum Streit unter den Königen und den Nationen. Jedes Mitglied eines Haushalts entspricht einer bestimmten Nation und ihre Auseinandersetzungen entsprechen dem Krieg unter den Völkern.

An jedem Individuum kannst du auch die Charaktereigenschaften einer bestimmten Nation erkennen. Bestimmte Völker sind als zornig oder als blutrünstig bekannt; genau dies kannst du bei Mitgliedern eines Haushalts wiederfinden.

Selbst wenn du nicht streiten und in Ruhe und Frieden leben möchtest, wirst du zu Streit und zu Konflikten gezwungen. Dasselbe finden wir beim Krieg zwischen Königen und Nationen: Manchmal gibt es ein Volk, das im

Frieden zu leben wünscht und keinerlei Krieg möchte. Es ist bereit, dafür viele Zugeständnisse zu machen. Dennoch kann es in einen Krieg verwickelt werden. Zwei gegnerische Parteien wünschen seinen Beistand, und plötzlich nimmt es gegen seinen Willen am Krieg teil.

Dasselbe gilt für private häusliche Kriege. Der Mensch ist selber eine kleine Welt, ein Mikrokosmos. In ihm ist die Welt und ihre Fülle enthalten. Erst recht gilt dies für einen Haushalt: In ihm sind alle Nationen enthalten, sie streiten und führen Krieg miteinander.

Darum kann zuweilen jemand, der alleine im Wald wohnt, verrückt werden. Dies geschieht, weil er alleine ist. In ihm alleine sind alle Nationen enthalten, die miteinander Krieg führen. Er muss immer die Persönlichkeit der Nation annehmen, die gerade siegt. Auf diese Weise kann er verrückt werden, da er seine Persönlichkeit jedes Mal verändern muss, wenn eine andere Nation siegt.

Wer aber in der Zivilisation unter Menschen lebt, kann diesen Krieg in der Beziehung zu den Mitgliedern seines Haushalts oder im Verhältnis zu seinen Nachbarn zum Ausdruck bringen.

Die Auseinandersetzungen im Haushalt eines Zaddik entsprechen ebenfalls dem Krieg unter den Nationen, aber auch dem Krieg unter den zwölf Stämmen, zum Beispiel Efraim gegen Judah. (Jesaja 11,13)

Wenn der Messias kommt, wird es keine Auseinandersetzungen mehr geben. Auf der Welt wird ein umfassender Frieden herrschen, wie geschrieben steht: »Sie werden nicht verletzen und nicht zerstören.« (Jesaja 11,13).

*

Die negative Kraft von Menschen

Menschen haben Macht. Sie können andere beeinflussen und sie vom Dienst an Gott oder von der Nähe zu einem wahren Zaddik abhalten. Sie haben dabei mehr Macht als der Trieb zum Bösen.

Der Trieb zum Bösen verfügt nur in einer bestimmten Welt über Macht, weiter reichen seine Möglichkeiten nicht. Der Mensch beinhaltet aber alle Welten. Darum kann ein Mensch mehr tun, um einen andern von Gott fern zu halten, als es der Trieb zum Bösen kann.

*

Stöhnen

Der Rebbe sprach einmal mit einem Mann, der sehr weit von Gott entfernt war. Er sagte ihm, Stöhnen könnte ihm helfen.

Der Rebbe lehrte dann die Lektion über den Schriftvers: »Es gibt Leere bei dem, was auf der Erde geschieht.« (Prediger 8,14) Das hebräische Wort für *Leere* ist *Hewel,* was auch *Atmen, Ausatmen* bedeuten kann.

In dieser Lektion erklärte er: »Wenn du ausatmest und stöhnst (*Hewel*), um zu Gott zurückzukehren, unterbrichst du die Bindung (*Chewel*) zur spirituellen Unreinheit und verbindest dich mit dem Heiligen.«

Auch in anderen Lektionen betonte der Rebbe, wie kostbar das Stöhnen sei.

*

Selbstvertrauen und Bescheidenheit

Der Rebbe trug mir eine Lektion im Zusammenhang mit Kleingläubigkeit vor. Ich war sehr erstaunt und wunderte mich, denn ich hatte den Eindruck, ich sei zumindest ein wenig gläubig.

Als ich dies dem Rebbe sagte, antwortete er mir in zurechtweisendem Ton: »Wenn du auch gläubig bist, an dich selber glaubst du nicht!«

Er erinnerte mich sofort an den Kommentar unserer Rabbinen zum Vers: »Wer verachtete den Tag der Kleinheit?« (Zacharias 4,10) Sie sagen dazu im Talmud: »Was verursachte, dass der Tisch der Zaddikim in der kommenden Welt verachtet wird? Ihre eigene Kleinheit.«

Raschi erklärt dort, mit *Kleinheit* sei ihre Kleingläubigkeit gemeint. Aber wenn man die Worte des Talmud genau beachtet, wird dort gesagt: »Ihre *eigene* Kleinheit«. Daraus scheint hervorzugehen, dass ihre Kleingläubigkeit sie selber betraf.

So erklärt der Rebbe die Worte unserer Rabbinen, dass ihre Kleingläubigkeit sie selber betraf. Sie glaubten nicht, dass *Gott gut ist zu allen* und dass sie in den Augen Gottes wichtig seien. Ihre Kleingläubigkeit bestand darin, dass sie nicht an sich selber glaubten.

Aus den Worten des Rebbe geht hervor, dass du an dich selber glauben musst. Gott liebt auch dich, und entsprechend der umfassenden Güte Gottes bist auch du wichtig für ihn.

Es ist keine Bescheidenheit, wenn du dein Selbstbewusstsein einschränkst. Bitte Gott um Hilfe, dass du wahre Bescheidenheit erlangst.

*

Der Umgang mit Geld

Der Rebbe sagte über den Umgang mit Geld: »Du musst beim Umgang mit Geld dieselben Kräfte gebrauchen, die du beim Essen verwendest. Beim Essen brauchst du die Kraft des Aufnehmens, die Kraft des Zurückhaltens – damit das Essen deinen Körper nicht gleich wieder verlässt –, die Kraft der Verdauung, die Kraft, welche die Nahrung auf alle Teile deines Körpers verteilt – das Beste für dein Hirn, danach werden das Herz und die anderen Körperteile versorgt –, und die Kraft, die den Unrat aussondert. Dies ist allen Heilkundigen klar.

Genau die gleichen Kräfte brauchst du im Umgang mit Geld. Du musst das Geld bei dir behalten können, damit du es nicht gleich wieder ausgibst. Du musst das Geld an die Stellen verteilen können, wo es hingehört. Das Beste muss für wohltätige Zwecke verwendet werden. Auch sonst musst du dafür sorgen, dass dein Geld an die richtige Stelle gelangt, analog zum Essen.«

So wird über den Ba'al Schem Tow erzählt, er sei einmal gefragt worden, warum er Geld von Übeltätern entgegennehme. Er antwortete: »Alles Geld, das ich erhalte, verteile ich wieder. Geld, das ich von anständigen Menschen bekomme, gebe ich für die Bewirtung frommer Gäste aus, die mich besuchen kommen. Ähnlich verfahre ich mit anderem Geld. Geld, das ich von unehrlichen Menschen erhalte, gebe ich für den Unterhalt meiner Pferde und für meine Arbeiter aus.« Obwohl das Geld eigentlich vermischt war, wurde es beim Ba'al Schem Tow von selber in dieser Weise verteilt. Dies entspricht der verteilenden Kraft, von der die Rede war.

Auch die aussondernde Kraft entspricht dem oben Erwähnten. Es gibt Geld, das für gewöhnliche Zwecke wie Arbeiter und Pferde ausgesondert werden muss.

Der Rebbe sagte: »Die Sucht nach Reichtum kommt vor allem bei Menschen vor, die über kein Gefäß zum Empfangen verfügen. Dasselbe gilt auch bei der Esssucht.«

*

Die Wirkung des Wortes

Der Rebbe sagte: »Manchmal sage ich einem Menschen etwas, das erst viel später wirkt. Es ist, wie wenn du ein Medikament nimmst: Manchmal wirkt es sofort, und manchmal muss es einige Zeit in dir bleiben, bis es wirkt.«

Manchmal sprach der Rebbe mit Menschen und seine Worte blieben lange bei ihnen liegen, bis sie wirkten. Aber am Ende wirkten seine Worte immer und nutzten dem Betroffenen.

Der Rebbe sagte auch: »Ich kann einem Menschen etwas sagen, und meine Worte bewirken überhaupt nichts. Erst wenn dieser Mensch sie einem anderen erzählt und ein Freund sie einem anderen weitergibt, so gelangen sie zu einem bestimmten Menschen und dringen tief in sein Herz. Dort wirken sie vollkommen und sie inspirieren ihn …«

*

Der Unterschied zwischen Depression und einem gebrochenen Herz

Ein Anhänger des Rebbe fragte ihn einmal: »Worin besteht der Unterschied zwischen Depression und einem gebrochenen Herz?«

Der Rebbe antwortete: »Wenn du ein gebrochenes Herz hast, kannst du zwischen Menschen stehen, dich abwenden und sagen: ›Herr der Welt …‹«

Daraufhin erhob der Rebbe seine Hände und sprach sehr bewegt: »Herr der Welt!«

*

Der Bund der Lippen

Der Rebbe sagte: »Lasse kein böses Wort über deine Lippen kommen, nicht einmal als Witz.«

Das heißt: Sage nicht, dass du etwas Böses tun oder eine Sünde begehen wirst, selbst wenn du es nicht ernst meinst. Die Worte allein können dir schaden und dich später dazu zwingen, sie zu erfüllen. Dies trifft sogar zu, wenn du sie zum Spaß aussprichst.

Der biblische König Jehu kam auf diese Weise zu Fall. Er sagte: »Ahab diente ein wenig dem Ba'al, Jehu wird ihm viel dienen.« (2. Könige, 10,18) Er hatte nicht wirklich die Absicht, dem Ba'al zu dienen, sondern er wollte die Anhänger des Ba'al in die Irre führen, wie es dort aus dem Zusammenhang hervorgeht. Dennoch führten diese Worte zu seinem Fall, und er diente später Götzen, wie dies im Talmud ausgeführt wird.

Deshalb musst du mit dem, was du sprichst, sehr vorsichtig sein. »Ein Bund ist mit den Lippen geschlossen«, sagten unsere Weisen im Talmud.

*

Kreativität

Der Rebbe sagte: »Es gibt Zaddikim, die große Kenner der Torah sind und die in vielen Büchern und in den Auslegungen der Rabbinen bewandert sind. Genau deswegen sind sie in der Torah nicht kreativ.

Sie sind sehr bewandert. Wenn sie eine Lehre verkünden wollen und beginnen, kreativ zu werden, verwirrt sie ihr großes Wissen. Sie beginnen mit Vorreden und äußern sich über ihr Bücherwissen. So werden ihre Worte wirr und sie können nichts Neues an den Tag bringen.«

Er brachte eine berühmte Persönlichkeit aus seiner Zeit als Beispiel, die darum nicht in der Lage war, die Torah auszulegen.

Was aus den Worten des Rebbe hervorgeht: Wenn du kreativ sein möchtest, musst du dich konzentrieren. Verwirre deinen Verstand nicht mit langen Vorreden, die für deine Innovation nicht nötig sind.

Verhalte dich so, als ob du nichts weißt. Dann kannst du ordentlich, Schritt für Schritt, viele neue Ideen zu Tage bringen.

*

Zur Pockenimpfung

Der Rebbe sagte: »Jeder muss sein Kind gegen Pocken impfen, bevor es ein Vierteljahr alt wird. Wenn jemand dies nicht tut, ist es, als ob er morde. Selbst wer weit von einer Stadt wohnt, soll – selbst im härtesten Winter – in die Stadt fahren, um sein Kind gegen Pocken zu impfen, bevor es vierteljährig ist.

*

Über die Ärzte

Der Rebbe sagte: »Die Aufgabe des Todesengels ist es, alle Menschen körperlich und geistig zu töten. Dies fällt ihm sehr schwer. Deswegen setzt er überall Helfer ein: die Ärzte für den körperlichen Tod und die falschen Zaddikim für den geistigen.«

✳

Hindernisse

Der Rebbe sagte: »Ich freue mich sehr, dass ich das Verdienst hatte, im Land Israel zu weilen!«

Die Reise des Rebbe war mit vielen Hindernissen, mit viel Verwirrung und mit vielen Auseinandersetzungen verbunden, nicht zuletzt wegen finanzieller Fragen. Er überwand alle Hindernisse, beendete seinen Dienst in Vollkommenheit und hielt sich im Land Israel auf.

Er sprach: »Ich glaube und weiß, dass nichts verloren geht von all den Bewegungen, Gedanken und Verrichtungen, die man zu einem heiligen Zweck unternimmt. Zuerst zweifelst du, irrst umher und erwägst, ob du das Werk verrichten sollst. Wenn du die Hindernisse überwindest und das heilige Werk zu Ende führst, werden alle Behinderungen, Gedanken und Störungen, die du in dieser Angelegenheit erleiden musstest, zu Gegenständen höchster Heiligkeit. Glücklich ist, wer alle Hindernisse überwinden und ein gutes Werk zu Ende führen kann!«

✳

Das Novum

Der Rebbe sagte: »Es wird eine Zeit kommen, zu der ein einfacher religiöser Mensch ein so großes Novum sein wird wie der Ba'al Schem Tov (Gründer des Chassidismus, 1700–1760) zu seiner Zeit.«

✳

Das Umherwandern

Ich hörte, dass der Rabbi einmal darüber sprach, warum die Zaddikim ständig unterwegs sind. Er sagte, es gäbe verstoßene Seelen, die nur darum aufsteigen können, weil der Zaddik umherwandert. Es gibt auch Zaddikim, die nicht umherwandern wollen. Dennoch bewegen sie sich zu Hause, indem sie in ihrem Haus auf und ab gehen; auch dies gilt als Umherwandern.

*

Auf Geld aufpassen

Er legte nachdrücklich Wert darauf, dass man mit seinem Geld äußerst vorsichtig umgehe; dies war ihm sehr wichtig. Er verhöhnte die Menschen, die man auf Jiddisch *Schlammassel* nennt.

Diese Menschen lassen zuweilen Torahstudium und Gebet beiseite und bemühen sich sehr, Geld zu verdienen und ein Auskommen für ihre Familien zu finden. Nachdem sie das Geld verdient haben, werden sie zum Schlammassel und gehen überhaupt nicht mehr sorgsam damit um.

Mit anständig erworbenem Geld musst du so vorsichtig wie mit deinem Augapfel umgehen. Wenn einer seiner Anhänger unterwegs Geld verloren hatte und dann klagend zu ihm kam, verhöhnte er ihn und wies ihn nachdrücklich zurecht, weil er nicht richtig aufgepasst hatte.

*

Die Freiheit der Wahl

Einmal sagte mir der Rebbe: »Alles, was du auf der Welt siehst, alles, was es auf der Welt gibt, alles ist hier, um dich mit der Freiheit der Wahl zu prüfen.«

✳

Schlaf und Verwirrung

Es gibt viele anständige Menschen, die ein ungenügendes Auskommen haben. Dies kann zu großer Bedrängnis und Verwirrung führen. Gleichzeitig hat dies positive Folgen für die Welt, denn viele gute Dinge entstehen gerade aus einer solchen Verwirrung.

Es gibt viele Arten der Verwirrung. So sagt der Midrasch, dass es einen Schlaf der Prophetie gibt, wie im Vers: »Ein tiefer Schlaf fiel über Abraham.« (Genesis 15,12) Es gibt aber auch den Schlaf der Narrheit. Schlaf bedeutet in diesem Zusammenhang *geistige Verwirrung*.

✳

Die Vermischung von Gut und Böse

Das Studium der Religionsgesetze bringt viel spirituelle Heilung. Wenn sich jemand verfehlt, sind Gut und Böse vermischt. Durch das Studium der Gesetze wird geklärt, was erlaubt ist und was verboten, was rein ist und was unrein. Auf diese Art wird das Gute vom Bösen getrennt.

✳

Reichtum

Diese Welt besteht nur, um das ewige göttliche Ziel näher zu bringen. Sorge dich nicht darum, ob du Geld besitzt oder nicht. So oder so kann dein Leben vergeblich sein, da uns diese Welt vollständig irreführt. Sie erweckt den Anschein, als ob wir ständig gewinnen, und am Ende haben wir nichts. Wir können dies täglich wahrnehmen: Die meisten Menschen arbeiten Tage und Jahre, werken und handeln, und wenn sie sich zum Schluss Rechenschaft ablegen, stehen sie mit leeren Händen da. Selbst wer reich wird, wird von seinem Reichtum weggenommen.

Das Prinzip ist: Beide zusammen haben keinen Bestand. Das heißt, entweder wird das Geld vom Menschen genommen oder der Mensch vom Geld. Die beiden bleiben nicht zusammen.

Wo ist all der Reichtum, der seit dem Beginn der Zeiten angehäuft wurde? Immer haben Menschen Geld verdient, wo ist es geblieben? In der Tat ist es absolut nichts.

*

Das Alter

Es ist nicht gut, alt zu sein.

Es gibt fromme und gerechte Alte, aber es ist nicht gut, alt zu sein. Du musst jung bleiben, indem du dich jeden Tag erneuerst und alles wieder beginnst, als ob es neu wäre.

Es gibt nur etwas, das besser wird, wenn es alt ist, nämlich das Schwein, wie es im Talmud gelehrt wird.

*

Die Suche nach Größe

Die Welt sagt, man solle nicht Größe suchen. Ich aber sage dir, dass du unbedingt Größe suchen sollst.

Suche nach dem großen Zaddik! Wenn du dir einen Lehrer suchst, wähle dir den größten Zaddik!

*

Weisheit und Begierde

Die Begierden, die den Menschen zerstören, gibt es in Wirklichkeit gar nicht.

Essen und Trinken sind nötig für den Fortbestand des Körpers. Man muss auch Kinder zeugen. Diese Dinge sind Notwendigkeiten und haben überhaupt nichts mit Begierde zu tun, du kannst sie in Heiligkeit und Reinheit ausführen.

Dein Verstand kann allen Begierden widerstehen, denn Gott *gibt den Weisen Weisheit.* (Daniel 2,21) Jeder hat das Potential zur Weisheit, nur muss dieses Potential in die Realität umgesetzt werden.

Durch den Verstand, der allein durch diese potentielle Weisheit gegeben ist, kannst du allen Begierden widerstehen. Zudem gibt Gott den Weisen Weisheit, was dich noch stärker machen kann.

Selbst wenn du den Begierden dieser Welt gefolgt bist, Übertretungen begangen und deinen Verstand befleckt, verwirrt und vermindert hast: Dennoch kannst du mit dem verbliebenen Rest an Intelligenz allen Begierden widerstehen.

Selbst ein Körnchen Verstand kann der ganzen Welt mit ihren Begierden widerstehen.

✳

Woran sollst du arbeiten?

Einmal erzählte der Rebbe, in seiner Jugend habe er sehr große Furcht vor dem Tod gehabt. Wenn diese Angst und Furcht sehr groß war, bat er Gott darum, den Märtyrertod sterben zu dürfen.

Dieser Zustand dauerte lange. Der Rebbe konnte nicht mehr genau sagen, wie lange, aber ungefähr während eines Jahres schloss er in jedes Gebet den Wunsch ein, zur Heiligung des göttlichen Namens sterben zu dürfen.

Wegen der großen Angst und Furcht, die der Rebbe vor dem Tod hatte, zeigte schon allein dieses Gebet seine Bereitschaft, sein Leben zur Heiligung des göttlichen Namens hinzugeben.

Daraus lernte ich, dass genau das Thema, das einen Menschen zu überwältigen droht, der Punkt ist, der für Gott überwunden werden muss.

✳

Über Wundertäter und Scharlatane

In jedem Land gibt es bestimmte Dinge, die besonders angesehen sind. In solchen Verhaltensweisen ist jeweils Gutes und Böses enthalten. Es mag nur wenig Gutes vorhanden sein, dennoch gleicht es immer das Böse aus, sodass es unmöglich ist zu entscheiden, ob solches Handeln gut oder böse ist. Es bleibt bis zu seinem Ende ungewiss.

In unserem Land sind zum Beispiel Wundertäter angesehen. Mehrere dieser Wundertäter sind wahre Zaddikim, aber es gibt auch viele Betrüger.

Wer anfängt, sich mit einer solchen angesehenen Tätigkeit zu beschäftigen – zum Beispiel mit dem Bewirken von Wundern in unserem Land –, wird damit Erfolg haben, auch wenn er ein Betrüger ist. Er muss von der Sache gar nichts verstehen, es muss ihm aber bewusst sein, dass alles von seinem Engagement und seinem starken Willen abhängt.

Wichtig ist auch der Ort, an dem er zu wirken beginnt. Wer an einem Ort beginnt, an dem die Menschen an ihn glauben, oder wer mit Menschen beginnt, die an alles glauben, wird Erfolg haben. Nachdem er einmal unter den Leichtgläubigen erfolgreich war, ist es möglich, dass ihm auch skeptischere Menschen glauben.

Wer aber an einem Ort beginnt, an dem man ihn auslacht, wird niemals Erfolg haben. In einem Land wie Deutschland, in dem man überhaupt nicht an Wundertäter glaubt, wird jemand, der sich dort mit Wundertaten beschäftigen will, nicht einmal einen anfänglichen Erfolg finden.

Dasselbe gilt für die Bräuche der Zaddikim und die Verehrung, die ihnen in unserem Land erwiesen wird. In anderen Ländern erreichen sie dieses Ansehen nicht. In muslimischen Ländern zum Beispiel werden die Gelehrten *Chacham* genannt, und die bei uns üblichen Bräuche und die Verehrung gibt es dort nicht. Darum kann bei uns jeder, der sich nach Art der Zaddikim verhalten will, dies tun, und er wird damit Erfolg haben. Gott möge die Wahrheit aufdecken, bald, in unseren Tagen, Amen.

Der Umstand, dass in einem Land Wunder akzeptiert werden, dieser Umstand allein kann bewirken, dass manchmal tatsächlich Wunder geschehen. Dies trifft aber nicht immer zu.

*

Der Rat eines Weisen

Wer nicht auf den Rat eines weisen Menschen hört, kann verrückt werden. Der Ursprung der Verrücktheit liegt darin, dass der Verrückte nicht auf den Rat eines Vernünftigen hört. Würde er auf den Rat anderer, vernünftiger Menschen hören, handelte er nicht verrückt.

Auch wenn es ihm in seinem geistigen Zustand klar scheinen mag, dass er sich in zerrissene Gewänder kleiden oder sich auf dem Mist wälzen muss – oder andere Handlungen, die seinem Zustand entsprechen –, dennoch: Wenn er seine Meinung unterordnet und auf den Rat eines anderen hört, der ihm sagt, er solle nicht so handeln, löst sich seine ganze Verrücktheit im Nichts auf.

Verrücktheit rührt also nur daher, dass man nicht auf den Rat eines Weisen hören möchte. Verstehe dies gut!

*

Wann beginnt die Aufrichtigkeit?

Aufrichtigkeit gibt es überall. Selbst wer alle Übeltaten verübt, ist zwangsläufig aufrichtig. Es gibt aber unter den Menschen Unterschiede, wann die Aufrichtigkeit beginnt.

Es gibt Menschen, die stets aufrichtig sind. Andere gibt es, die erst aufrichtig werden, nachdem sie ein Unrecht begangen haben. Bei anderen beginnt die Aufrichtigkeit noch später, nämlich nachdem sie sich mehrfach vergangen haben. In jedem Menschen gibt es aber ein bestimmtes Maß an Aufrichtigkeit.

Ich war einmal in einem Dorf. Dort sah ich einen Offizier, der befahl, man müsse ihm Pferde für die Post geben. Die Bewohner des Dorfes bestachen ihn mit Geld, und er ging weg.

Später kam ein zweiter Offizier an. Der erste überzeugte ihn, auch er solle Pferde für die Post einfordern. Auch er wurde bestochen und ging weg.

Nachher kam ein dritter, ein dem ersten untergeordneter Offizier. Er benötigte wirklich Pferde für die Post. Der Bürgermeister ging zum ersten – höheren – Offizier und bat ihn, man möge die Bewohner des Dorfes in Ruhe lassen; schließlich hatten sie schon zweimal Bestechungsgelder bezahlt.

Der Offizier hörte auf den Bürgermeister und befahl, man solle die Bewohner des Dorfes in Ruhe lassen und ihnen die Pferde nicht wegnehmen.

Du siehst, dass bei diesem räuberischen ersten Offizier die Aufrichtigkeit begann, nachdem er zweimal Unrecht tat. Dann setzte bei ihm der Anstand ein und er befahl, die Bewohner des Dorfes in Ruhe zu lassen. Du siehst: Aufrichtigkeit gibt es überall, die Frage ist nur, wann sie einsetzt.

Dies meint der Sohar, wenn er sagt, auch die linke Seite enthalte rechts und links. Auch das Unheilige enthält einen Funken des Himmlischen.

Die linke Seite enthält einen rechten Anteil. Nur reicht dieser rechte Anteil nicht einmal bis zur linken Seite des Heiligen.

Die rechte Seite ist Aufrichtigkeit. Sie existiert sogar auf der anderen Seite. (Die *andere Seite* ist in der Kabbalah eine Umschreibung für die Seite des Bösen.) Dort beginnen aber Anstand und Aufrichtigkeit sehr spät, sogar später als auf der linken Seite des Heiligen. Verstehe dies!

*

Die Bedeutung von Namen

Die Aufgabe, die ein Mensch in dieser Welt hat, wird durch seinen Namen bestimmt.

Manchmal erfüllt ein Mensch seine Aufgabe in der Hälfte der Jahre, die ihm zugemessen wurden. Dann muss er sich einer neuen Aufgabe annehmen und sich einen anderen – das heißt neuen – Namen geben. Darin sind große und erhabene Geheimnisse verborgen.

Aus diesem Grund gibt man auch einem Schwerkranken einen neuen Namen. Der Kranke hat die Aufgabe, die er unter seinem alten Namen hatte, bereits erfüllt, sodass er sterben könnte. Daher gibt man ihm einen neuen Namen, der mit einer neuen Aufgabe verbunden ist. Indem man ihm einen neuen Namen gibt, kann der Kranke weiterleben, da er eine neue Aufgabe zu erfüllen hat.

Der Name eines Menschen wird nach seinem Tod zu seinem Gewand. So steht geschrieben: »Ich bin der Ewige, dies ist mein Name und meine Ehre.« (Jesaja 42,8) *Ehre* bedeutet aber *Gewand.* So nennt im Talmud Rabbi Jochanan sein Gewand »meine Ehre«.

*

Der Name Gottes

Der Heilige, gepriesen sei er, wird JHWH genannt. Mit diesem Namen wurden alle Welten geschaffen. Jenseits aller Welten hat Gott aber keinen Namen, da auf dieser Ebene Gott nicht begriffen werden kann.

Dies ist die Bedeutung des Schriftverses: »Denn größer als alle deine Namen hast du deine Worte gemacht.« (Psalm 138,2) Mit »deine Worte« sind die Wirkungen der Worte gemeint, denn Gott schuf die Welt mit Worten.

Mit »deine Worte« sind also Gottes Handlungen gemeint, da Gott durch das Wort wirkt. Gottes Wirken jenseits aller Welten ist größer als alle seine Namen, denn jenseits aller Welten hat Gott überhaupt keinen Namen. Dies ist die Bedeutung des Schriftverses: »Denn größer als alle deine Namen hast du deine Worte gemacht.«

*

Unsere und die göttliche Einfachheit

Der Rebbe führte mehrfach aus, dass zum Dienst Gottes keinerlei besondere Bildung nötig ist. Was gebraucht wird, ist Einfachheit, Geradlinigkeit und Glaube.

Er sagte, Einfachheit stehe höher als alles andere. Gott steht sicherlich höher als alles. Gleichzeitig ist er einfach, in der extremsten Form der Einfachheit.

*

Leichtgläubigkeit

Es steht geschrieben: »Ein Dummer glaubt alle Dinge.« (Sprüche 14,15)

Es ist besser, ein solcher Narr zu sein, der auch Unsinniges und Lügen glaubt, und dafür auch die Wahrheit zu glauben, als ein Skeptiker, der nichts glaubt.

Ein Skeptiker lehnt Unsinniges und Lügen ab und macht sich über sie lustig. Unter Umständen lacht er am Ende über alles und lehnt selbst die Wahrheit ab. *Lieber möchte ich mein ganzes Leben lang* Narr *genannt werden, als eine Stunde lang vor Gott ein Übeltäter zu sein.*

*

Kurzfristige Religiosität

Einmal sprach der Rebbe über Menschen, die eine Zeit lang Gott nahe sind und sich dann von ihm entfernen. Er sagte: »Auch diese kurzfristige Nähe ist für Gott sehr kostbar, auch wenn nachher etwas anderes geschieht.«

Weiter sagte er: Im Zusammenhang mit der Übergabe der Torah steht geschrieben: »Du hast mich geherzt mit einem deiner Augen.« (Hohelied 4,9) Der Midrasch fragt: »Was bedeutet mit ›*einem* deiner Augen‹?,« er antwortet, das andere habe bereits zum Goldenen Kalb geblickt.

Mit anderen Worten: Bei der Übergabe der Torah hatte Israel bereits die Absicht, den Weg Gottes zu verlassen. Dennoch war ihre zeitweilige Nähe für Gott sehr kostbar. Er sagte deshalb: »Du hast mich geherzt mit einem deiner Augen.«

*

Das Rad

Die Welt gleicht einem sich drehenden Rad. Alles kehrt immer wieder und wendet sich. Aus einem Menschen wird ein Engel, aus einem Engel ein Mensch. Aus einem Kopf wird ein Fuß, aus einem Fuß ein Kopf.

Dasselbe gilt für alle anderen Dinge auf der Welt; alle drehen sich im Kreis, sie drehen sich und verändern sich. Was oben war, ist jetzt unten, was unten war, oben.

Alles hat aber *eine* Wurzel. Es gibt transzendente Wesen, die Engel, die das Materielle vollkommen transzendieren. Es gibt die Sphäre des Himmels, deren Materie aber sehr durchscheinend ist. Und es gibt diese niedrige Welt, die vollkommen materiell ist.

Obwohl jede dieser drei Welten zu einer spezifischen Ebene gehört, stammen sie alle aus einer Wurzel.

Daher gleicht die Welt einem sich drehenden Rad. Alles dreht sich und wird gewendet. Jetzt gerade ist ein Ding oben und kann als Kopf gesehen werden, während ein anderes niedriger ist und als Fuß erscheint. Dann dreht und wendet sich das Rad, aus dem Fuß wird Kopf und aus dem Kopf wird Fuß. Ebenso wird aus dem Engel ein Mensch und aus dem Menschen ein Engel.

So lehrten unsere Rabbinen, es seien Engel vom Himmel in die niedrige Welt geworfen worden. Sie seien vollkommen materiell geworden, bis sie auch Lüste gehabt hätten. An mehreren Stellen wird ausgeführt, es seien Engel auf diese Welt gesandt worden, die materielle Form angenommen hätten.

Auch das Gegenteil geschieht, dass aus Menschen Engel werden. Denn die Welt ist ein sich drehendes Rad. Alles kehrt wieder, denn alles hat *eine* Wurzel.

✳

Zum Studium der Kabbalah

Als der Rebbe in Uman war, erzählte ihm ein Mann, er habe gehört, es sei nur möglich, die Kabbalah zu verstehen, wenn man faste und häufig das Tauchbad besuche. Er wollte wissen, ob dies stimme.

Der Rebbe antwortete: »Es ist möglich, diese Weisheit ohne alle diese Dinge zu erwerben, denn es ist Weisheit …«

Er sagte auch: »Wo die Philosophie aufhört, dort beginnt die Kabbalah.«

✳

Übertriebene Frömmigkeit

Der Rebbe warnte davor, in irgendeiner Praxis übermäßig strikt zu sein. *Gott wirkt nicht als Tyrann über seine Geschöpfe* und *die Torah wurde nicht den Engeln des Dienstes gegeben.*

Der Rebbe sagte: »Es steht geschrieben, dass jeder Mensch sich ein Gebot aussuchen solle, bei dessen Beachtung er äußerst strikt ist. Dieses Gebot soll er mit all seinen Feinheiten einhalten. Diese Praxis ist bereits im Talmud angedeutet, wo Rabbi Josef den Sohn Rabbahs fragt: ›Bei welchem Gebot war dein Vater besonders vorsichtig?‹

Aber auch bei diesem Gebot solltest du deine Vorsicht nicht bis zur Verrücktheit treiben. Du sollst wegen deiner Vorsicht nicht depressiv werden, sondern sei aufmerksam, ohne fanatisch zu sein. Sei bei allen anderen Geboten nicht übermäßig streng. Es wäre bereits schön, wenn wir alle Gebote der Torah nach ihrem Wortsinn ohne jede zusätzliche Erschwernis einhalten könnten.«

Auch im Zusammenhang mit den Geboten des Pessach war der Rebbe nicht mit denjenigen einverstanden, die übermäßig streng waren und die dadurch depressiv wurden. Er sprach darüber ausführlich.

Einer unserer Leute fragte ihn einmal, wie es sich mit besonderen Erschwernissen für Pessach verhalte? Der Rebbe machte sich darüber lustig.

Er sprach häufig darüber, dass man nicht nach zusätzlichen Erschwernissen suchen solle, die nur zu Verwirrung führen. Der Rebbe erzählte, er selber habe früher diesen Fehler begangen. Ihm seien sehr viele unnötige Einschränkungen eingefallen.

Einmal habe er sich Gedanken über das Trinkwasser am Pessach gemacht. Er befürchtete, es könnte Hefe in den

Brunnen gefallen sein, aus dem man das Wasser schöpfte. Eine Möglichkeit wäre gewesen, das Wasser für alle sieben Tage des Pessach im Voraus bereitzustellen, wie dies einige Menschen tun. Aber auch dies gefiel ihm nicht, da man dann das Wasser während des Pessach vor dem Kontakt mit Mehl hätte schützen müssen, was schwierig war.

Als einzige Lösung fiel ihm ein, Quellwasser zu verwenden, das frisch aus dem Boden kommt. Aber an dem Ort, wo er wohnte, gab es keine solche Quelle. So kam ihm in den Sinn, zu Pessach an einen Ort zu fahren, wo es eine Quelle gibt.

Dies ist ein Beispiel dafür, wie der Rebbe selber übermäßig strikt und vorsichtig war. Heute lacht er darüber, denn es ist selbst für Pessach unnötig, zu viele Einschränkungen zu suchen.

Der Rebbe sprach damals ausführlich darüber und sagte: »In Wahrheit ist das Wichtigste am Dienst Gottes die Aufrichtigkeit und die Einfachheit. Lerne viel Torah, bete viel und tue Gutes. Suche nicht nach zusätzlichen Einschränkungen, sondern folge dem Weg unserer Vorfahren. *Die Torah wurde nicht den Engeln des Dienstes gegeben.*«

*

Ist die Welt perfekt?

Der Rebbe sagte: »Die Eigenschaften des Menschen sind nicht wie jene Gottes. Wenn ein Mensch sich ein neues Gewand machen lässt, hat er es besonders lieb, so lange es neu ist. Im Lauf der Zeit wird das Gewand beschädigt, und sein Ansehen wird immer geringer.

Gott schuf die Welt, sie wurde nicht perfekt geschaffen. Im Lauf der Zeit wird die Welt immer besser und angesehener bei Gott. Es kamen Abraham, Isaak, Jakob und

Mose. Immer wieder kommen Zaddikim und machen die Welt wieder ein wenig besser. Die Welt wird vor Gott immer angesehener.

Am Ende wird der Messias kommen, und damit wird die Vollendung der Welt abgeschlossen.«

✳

Hunger

Der Rebbe sagte: »Was gibt es für einen Grund, sich wegen des Lebensunterhalts Sorgen zu machen? Die einzige Sorge, die du haben könntest ist, dass du Hungers stirbst, wenn dein Einkommen nicht ausreicht.

Was ist dabei, wenn du Hungers stirbst? Du musst doch sowieso sterben.«

✳

Guter Rat

Es ist leichter, einem anderen einen Rat zu erteilen, als sich selber. Wenn du für dich selber einen guten Rat brauchst, ist dies sehr schwierig.

Am Anfang denkst du viel nach. Du hast viele Argumente und Beweise dafür, wie du dich verhalten und wie du handeln sollst.

Dann aber, wenn du dich entschlossen hast, gewinnt in deinen Gedanken ein anderes Argument an Gewicht. Damit wird dein erster Entscheid umgestoßen, und du denkst, genau das Gegenteil sei wahr.

Auf einem guten Pfad bewegt sich derjenige, dem vom Ewigen vollständiger und richtiger Rat zuteil wird, sodass er richtig handeln kann und seine zukünftige Welt nicht unbedacht verliert.

*

Ehre deine Frau!

Der Rebbe machte uns darauf aufmerksam, dass wir unsere Frauen ehren und ihnen unsere Wertschätzung zeigen sollten.

Er sagte: »Die Frauen müssen wegen der Kinder sehr viel leiden. Wie ihr wisst, leiden sie bei der Schwangerschaft, der Geburt und mit der Erziehung. Auch sonst müssen sie viel leiden.

Bedenkt dies, zeigt ihnen eure Wertschätzung und ehrt sie. So sagten bereits unsere Weisen im Talmud: ›Beweist euren Frauen eure Wertschätzung, damit ihr reich werdet.‹ Ferner sagten sie: ›Es würde schon ausreichen, dass sie unsere Kinder aufziehen.‹«

*

Der richtige Weg

Der Rebbe sprach über die Verwirrung, die einen Menschen beim Dienst Gottes befallen kann. Manchmal meinst du, dass du auf eine bestimmte Weise handeln solltest, und später hast du das Gefühl, du müsstest einen anderen Weg gehen. Dies kann zu großer Verwirrung führen.

Der Rebbe sagte: »Warum sollst du dich verwirren? Handele, wie du handelst. Handele vor allem nicht böse.«

Erzählungen

Die Erzählung vom bescheidenen König

Es war einmal ein König, der einen weisen Berater hatte. Der König sprach zum Weisen: »Es gibt einen König, der unterschreibt seinen Namen mit dem Zusatz: ›Der große Held, Mann der Wahrheit, der Bescheidene.‹ Ich weiß, dass er mächtig ist. Sein Land ist vom Meer umgeben, und auf dem Meer ist seine Marine auf Kriegsschiffen mit Kanonen stationiert. Sie lässt niemanden näher kommen.

Hinter dem Meer ist das Land von einem großen Sumpf umgeben. Dort gibt es lediglich einen einzigen kleinen Weg, auf dem nur ein einziger Mensch gehen kann. Auch dort stehen Kanonen. Wenn jemand kommt, der Krieg führen möchte, schießt man auf ihn mit den Kanonen. So erscheint es unmöglich, dem Land nahe zu kommen.

Warum er aber als *Mann der Wahrheit* und als *Bescheidener* unterschreibt, weiß ich nicht. Ich möchte, dass du mir ein Porträt dieses Königs bringst.« Der König besaß nämlich die Bildnisse aller Könige. Das Bildnis jenes Königs, der auf die erwähnte Art unterschrieb, befand sich aber nirgendwo. Er war nämlich vor allen Menschen verborgen, denn er saß hinter einem Vorhang. Von den Bewohnern seines Landes hielt er Abstand.

Der Weise begab sich in jenes Land. Er sagte sich, er müsse das Wesen dieses Landes verstehen. Wie aber kann man mehr über das Wesen des Landes erfahren? Durch den Humor des Landes und seinen Spott. Wenn du nämlich ein Ding erkennen möchtest, musst du den zu ihm gehörenden Witz kennen lernen.

Es gibt verschiedene Arten des Spottes: Es gibt den Menschen, der wirklich seinen Nächsten durch seine Worte schädigen möchte. Wenn sein Gefährte deswegen böse auf ihn wird, sagt er ihm: »Ich scherze nur!« So sagt die Schrift: »Wie ein Verrückter, der Brandpfeile schleudert, Pfeile und tödliche Waffen, so ist einer, der seinen Nächsten täuscht und dazu sagt: ›Ich mache nur Spaß.‹« (Sprüche 26,18–19)

Es gibt auch Menschen, die wirklich Spaß beabsichtigen. Dennoch schädigen sie den anderen durch ihre Rede. So gibt es noch weitere Arten des Scherzes. Unter allen Ländern gibt es ein Land, das alle Länder enthält. In diesem Land gibt es eine Stadt, die alle Städte dieses Landes enthält. In dieser Stadt gibt es ein Haus, das alle Häuser der Stadt enthält. Dort gibt es einen Menschen, der das ganze Haus enthält, und so weiter. Und dort gibt es einen, der den ganzen Spott und den ganzen Scherz des ganzen Landes treibt.

Der Weise nahm viel Geld mit und reiste dorthin. Er sah, dass man dort vielerlei Spott und Scherz trieb, und verstand aus den Scherzen, dass das ganze Land durch und durch von Lüge erfüllt war. Er sah, dass ihre Frivolität darin bestand, die Menschen bei Handel und Wandel zu betrügen und in die Irre zu führen. Wenn man zum Magistrat kam, um sein Recht zu fordern, herrschte dort die Lüge; der Magistrat nahm auch Bestechungen an. Kam man zum höheren Senat, war auch dort alles von Lüge erfüllt. Über die Gerichtsfälle lachte man oder man betrachtete sie als Schauspiel.

Aus dieser Art des Spotts begriff der Weise, dass das ganze Land von Lüge und Betrug erfüllt war. Es gab dort keine Wahrheit. Er ging hin und begann, im Land Handel zu treiben. Er ließ sich dabei betrügen und ging dann vor die Gerichte, um sein Recht zu fordern. Alle waren voller Lüge und Bestechlichkeit. Heute bestach man sie, am nächsten Tag kannten sie einen nicht mehr. Er ging dann zur nächsten höheren Instanz, und auch sie war von Lüge voll. Er gelangte zum Senat, auch dieser war lügenhaft und bestechlich. Am Schluss gelangte er zum König selber.

Als er zum König kam, begann er seine Rede und sprach: »Über wen bist du König? Das ganze Land ist von einem Ende zum anderen von Lügen erfüllt, und es herrscht nirgendwo Wahrheit!« Er begann, über die Falschheit des Landes zu erzählen. Als der König seine Worte vernahm, neigte er seine Ohren zum Vorhang, um die Rede des Weisen zu hören. Er war erstaunt, dass es einen Menschen gibt, der alle Lügen des Landes kannte. Die Minister der Regierung, die seine Worte hörten, zürnten sehr über den Weisen, während dieser fortfuhr, über die Lügen des Landes zu erzählen. Der Weise sprach: »Man müsste eigentlich sagen, auch der König sei wie sie, er liebe die Lüge wie die Bewohner seines Landes. Aber ich sehe, dass du tatsächlich ein Mann der Wahrheit bist. Du bist fern von ihnen, da du die Falschheit des Landes nicht ertragen kannst.«

Er begann den König sehr zu loben. Der König war sehr bescheiden, und wo du seine Größe findest, findest du auch seine Bescheidenheit. Dies entspricht der Art des Bescheidenen: Umso mehr du ihn lobst, desto kleiner und bescheidener wird er. Wegen des großen Lobes des Weisen, der den König pries und lobte, geriet der König in große Bescheidenheit und Demut, bis er zum Nichts wurde. Er konnte sich nicht mehr zurückhalten und warf den Vorhang zur Seite, um den Weisen zu sehen. Wer ist er, der all dies weiß und versteht?

Der Weise erblickte ihn, malte sein Porträt und brachte es dem König.

✳

Vom Rabbiner und dem einzigen Sohn

Es war einmal ein Rabbiner, der keine Kinder hatte. Später wurde ihm ein einziger Sohn geboren. Er zog ihn auf und verheiratete ihn. Der Sohn saß in der oberen Stube und lernte, wie es Brauch ist bei den Reichen.

Er lernte und betete ständig, aber er fühlte, dass ihm etwas fehlte. Er wusste nicht, was es war. An seinem Lernen und seinem Beten fand er keinen Geschmack. Er erzählte dies zwei jungen Leuten. Die gaben ihm den Rat, er solle zu einem bestimmten Zaddik fahren. Dieser Sohn führte eine Mizwah aus, die ihn als *kleine Leuchte* auswies.

Dieser einzige Sohn ging und erzählte seinem Vater, dass er an seinem Dienst – dem Beten, dem Lernen und der Erfüllung der anderen Gebote – keinen Geschmack finde, und dass er zu dem Zaddik fahren möchte.

Sein Vater antwortete ihm: »Wie kommt es, dass du zu ihm fahren möchtest? Bist du nicht gelehrter als er und von besserer Abstammung? Es ist nicht richtig, dass du zu ihm fährst, lass ab von diesem Weg!«

So kam es, dass er nicht zu ihm fuhr. Er kehrte zu seinem Studium zurück und fühlte abermals Mangel. Er beriet sich wieder mit den gleichen Leuten, und sie rieten ihm wie ehedem, zum Zaddik zu fahren. Er ging wiederum zu seinem Vater, und dieser überredete ihn abermals und hielt ihn von seiner Reise ab.

Dies geschah mehrere Male. Der Sohn fühlte, dass ihm etwas fehle, und er sehnte sich danach, seinen Mangel zu beheben. Er wusste aber nicht, worin der Mangel bestand. Er ging abermals zu seinem Vater und bestürmte ihn, bis der Vater mit ihm fahren musste. Er wollte ihn nämlich nicht alleine reisen lassen, da er sein einziger Sohn war.

Sein Vater sagte ihm: »Siehe, ich werde mit dir fahren. Ich werde dir zeigen, dass nichts an dem Zaddik ist!« Sie spannten die Pferde an und fuhren los. Sein Vater sagte ihm: »Dies sei mir ein Zeichen: Wenn alles ordentlich verläuft, ist unsere Reise vom Himmel. Wenn nicht, ist sie nicht vom Himmel und wir kehren zurück!«

Sie fuhren. Als sie zu einer kleinen Brücke gelangten, fiel ein Pferd um. Der Wagen überschlug sich, und sie ertranken beinahe. Da sagte ihm der Vater: »Siehe, die Reise verläuft nicht ordentlich. Unsere Fahrt ist nicht vom Himmel!« Und sie kehrten zurück.

Der Sohn nahm sein Studium wieder auf. Er fühlte wieder den Mangel und wusste nicht, was ihm fehlte. Er bestürmte abermals seinen Vater, sodass dieser ein zweites Mal mit ihm reisen musste. Als sie sich auf den Weg machten, bestimmte der Vater dasselbe Zeichen wie beim ersten Mal, dass die Reise ordentlich verlaufen müsse. Als sie fuhren, brachen beide Achsen. Der Vater sagte ihm: »Siehe, wir werden so geführt, dass wir nicht fahren sollen! Ist es denn natürlich, dass beide Achsen brechen? Wir sind schon häufig mit diesem Wagen gefahren, und nie geschah so etwas!« So kehrten sie um.

Der Sohn nahm wieder sein Studium auf. Wieder fühlte er diesen Mangel, und die Leute rieten ihm, er solle fahren. Abermals bestürmte er seinen Vater, mit ihm zu reisen.

Der Sohn sagte ihm, sie sollten keine solchen Zeichen mehr bestimmen. Es sei natürlich, dass zuweilen ein Pferd stürze oder Achsen brechen. Anders wäre es, wenn etwas wirklich Außerordentliches geschehe.

Sie fuhren und gelangten zu einer Herberge, wo sie übernachten wollten. Sie trafen dort einen Händler und er begann, sich mit ihnen zu unterhalten, wie es die Art der Händler ist. Sie erzählten ihm nicht, dass sie zum Zaddik unterwegs seien. Der Rabbiner schämte sich nämlich zu sagen, dass sie auf dem Weg zu einem Gerechten seien. So redeten sie über weltliche Dinge, bis sie auf Umwegen dazu kamen, über Zaddikim zu sprechen und wo diese wohnten. Der Händler erzählte ihnen, hier lebe ein Zaddik, und da und dort. Sie begannen über den Zaddik zu sprechen, zu dem sie unterwegs waren. Er antwortete ihnen: »Dieser? Er ist kein Gerechter! Ich komme gerade von ihm, und ich war dabei, als er eine Sünde beging!« Der Vater sprach zu seinem Sohn: »Hörst du, mein Sohn, was dieser Händler ohne Absicht erzählt! Er kommt gerade von dort!« So fuhren sie wieder nach Hause.

Der Sohn starb und erschien im Traum seinem Vater. Der Vater sah, dass sein Sohn sehr zornig dastand, und fragte ihn: »Warum bist du so zornig?« Der Sohn sagte ihm, er solle zu jenem Zaddik fahren. Dieser werde ihm sagen, warum er so zornig ist.

Der Vater erwachte und sagte sich, dies sei ein Zufall. Später hatte er noch einmal den gleichen Traum. Er sagte sich, auch dies sei ein falscher Traum. Dasselbe geschah noch ein drittes Mal. Schließlich verstand der Vater, dass es sich dabei um eine ernste Angelegenheit handele, und er fuhr zum Zaddik.

Am Weg traf er den Händler, den er schon einmal getroffen hatte, als er mit seinem Sohn reiste. Der Rabbiner erkannte ihn und sagte ihm: »Bist du nicht der, den ich in jener Herberge getroffen hatte?« Der andere antwortete: »Sicher hast du mich gesehen!« Er öffnete seinen Mund und sagte ihm: »Wenn du willst, verschlinge ich dich!« Der Rabbiner fragte: »Was sprichst du?« Der Händler antwortete: »Erinnerst du dich an die Reisen mit deinem Sohn? Zuerst fiel das Pferd auf der Brücke und du kehrtest um.

Dann brachen die Achsen. Nachher trafst du mich, und ich sagte dir, jener sei kein Gerechter. Nachdem ich deinen Sohn erledigt habe, hast du nun die Erlaubnis, zu fahren. Denn dein Sohn war eine *kleine Leuchte*, während der Zaddik eine große Leuchte ist. Hätten sich die beiden getroffen, so wäre der Messias gekommen. Nachdem ich ihn erledigt habe, darfst du fahren.« Während er noch sprach, verschwand er, und es war niemand mehr da, mit dem der Rabbiner hätte sprechen können.

Der Rabbiner fuhr zum Zaddik und schrie: »Schade! Schade! Schade um die, die verloren gegangen sind und nicht mehr zu finden sind!«

✳

Von der hängenden Menorah

Es war einmal ein Sohn, der seinen Vater verlassen hatte. Er hielt sich viele Tage bei Fremden in fernen Ländern auf. Nach langer Zeit kehrte er zu seinem Vater zurück. Er rühmte sich, er habe dort eine große Kunst erlernt, nämlich eine hängende Menorah, einen Hängeleuchter, zu fertigen. Er verlangte, dass alle Meister dieses Handwerks kommen sollten, damit er ihnen seine Kunstfertigkeit in diesem Fach zeigen könne.

Sein Vater versammelte alle Meister dieses Handwerks, damit sie die Kunst seines Sohnes bewunderten. So würden sie sehen, was er gelernt hatte, während er bei anderen Meistern war.

Der Sohn zeigte einen Leuchter, den er gefertigt hatte. Die anderen erachteten ihn als sehr hässlich. Sein Vater bat sie, ihm die Wahrheit zu sagen. Sie waren gezwungen, ihm die Wahrheit kund zu tun, dass der Leuchter sehr hässlich sei.

Der Sohn rühmte sich vor seinem Vater: »Habt Ihr nicht die Meisterschaft meiner Kunst gesehen?« Der Vater gab ihm zu wissen, dass alle anderen den Leuchter nicht schön gefunden hätten.

Der Sohn antwortete: »Im Gegenteil! Damit habe ich meine Größe gezeigt! Denn ich zeigte allen ihre Mängel. In dieser Menorah finden sich die Mängel jedes einzelnen der hiesigen Handwerksmeister. Denn siehe, der eine erachtet diesen Teil als hässlich, aber einen anderen Teil als sehr schön. Beim Nächsten ist es umgekehrt. Das Gleiche gilt für alle: Was dem einen missfällt, ist in den Augen des anderen schön und umgekehrt. Diese Menorah habe ich ausschließlich aus den Mängeln erstellt, um allen zu zeigen, dass sie nicht vollkommen seien, und dass jeder einen Mangel habe. Aber in Wahrheit kann ich einen vollkommenen Leuchter fertigen.«

*

Der Prinz aus Edelsteinen

Es war einmal ein König, der keine Kinder hatte. Er ging und befragte die Ärzte, damit sein Königreich nicht in die Hand Fremder gerate. Sie konnten ihm nicht helfen.

Er verordnete, dass die Juden für ihn beten müssten, damit er Kinder bekomme. Die Juden suchten einen Zaddik, damit dieser bete und bewirke, dass der König Kinder habe. Sie suchten und sie fanden einen verborgenen Zaddik. Sie sagten ihm, er solle beten, dass der König Kinder bekomme. Er antwortete ihnen, er wisse gar nichts.

Dies berichteten sie dem König. Der König erließ einen Befehl, und man brachte den Zaddik zum König. Der König begann, in guten Worten zu ihm zu sprechen: »Du weißt doch, dass die Juden in meiner Hand sind. Ich kann mit ihnen nach meinem Willen verfahren. Daher bitte ich dich im Guten: Bete, dass ich Kinder haben werde!« Der Zaddik versprach ihm, er werde noch im gleichen Jahr Nachkommen haben, und kehrte an seinen Wohnort zurück.

Die Königin brachte eine Tochter zur Welt. Diese Prinzessin war von sehr schöner Gestalt. Als sie vier Jahre alt war, kannte sie alle Wissenschaften, spielte alle Musikinstrumente und war aller Sprachen mächtig. Die Könige kamen aus allen Ländern angereist, und ihr Vater, der König, hatte große Freude.

Später wünschte sich der König sehr, er möge einen Sohn haben, damit sein Königreich nicht an einen fremden Mann übergehe. Wiederum verordnete er den Juden, sie müssten beten, damit er einen Sohn bekomme. Sie suchten den schon erwähnten Zaddik und fanden ihn nicht, denn er war bereits gestorben. Sie suchten weiter und fanden noch einen verborgenen Zaddik. Sie sagten ihm, er solle dem König einen Sohn geben, und er sagte ihnen, er wisse gar nichts.

Dies berichteten sie dem König. Der König befahl den Zaddik zu sich und sagte ihm gleich wie dem anderen Zaddik: »Du weißt doch, die Juden sind in meiner Hand …« Der Zaddik antwortete ihm: »Kannst du ausführen, was ich dir befehle?« Der König antwortete: »Ja.« Der Weise sagte: »Du musst mir alle Edelsteine bringen, denn jeder Edelstein besitzt eine andere Eigenschaft.« Bei den Königen gibt es nämlich ein Buch, in dem alle Arten der Edelsteine aufgeschrieben sind.

Der König sprach: »Die Hälfte meines Königreiches würde ich hingeben, damit ich einen Sohn bekomme!« Er ging und brachte dem Weisen alle Arten von Edelsteinen. Dieser nahm sie, mahlte sie und schüttete sie in einen Becher Wein. Die Hälfte des Bechers gab er dem König zum

Trinken und die andere Hälfte der Königin. Er sagte ihnen, sie würden einen Sohn bekommen, der ganz aus Edelsteinen bestehe. Er werde alle Eigenschaften der Edelsteine haben. Darauf kehrte der Weise an seinen Wohnort zurück.

Die Königin brachte einen Sohn zur Welt und die Freude des Königs war groß. Der neugeborene Sohn bestand zwar nicht aus Edelsteinen, aber als er vier Jahre alt war, war er von sehr schöner Gestalt und in allen Wissenschaften bewandert und kannte alle Sprachen, und die Könige unternahmen Reisen, um ihn zu sehen.

Die Prinzessin sah, dass sie nicht mehr so wichtig war, und beneidete den Prinzen. Ihr einziger Trost war, dass der Zaddik gesagt hatte, er werde ganz aus Edelsteinen sein – gut, dass er nicht aus Edelsteinen bestand!

Einmal schnitzte der Prinz Holz und schnitt sich dabei in den Finger. Die Prinzessin wollte ihm einen Verband anlegen und entdeckte dabei an seinem Finger einen Edelstein. Sie beneidete ihn sehr und tat, als sei sie krank. Viele Ärzte kamen, konnten sie aber nicht heilen. Man rief Zauberer. Einem dieser Zauberer enthüllte sie, dass sie nur so tue, als sei sie krank.

Sie fragte ihn, ob er einen Menschen verzaubern könne, sodass er aussätzig werde. Er antwortete: »Ja.« Sie sagte: »Vielleicht wird er dann einen Zauberer suchen, der diesen Zauber aufhebt, sodass er wieder gesund wird!« Der Zauberer sprach: »Wenn man den Zauber ins Wasser wirft, kann man ihn nicht mehr aufheben.«

Sie tat dies und warf den Zauber ins Wasser. Der Prinz wurde aussätzig. Der Aussatz befiel seine Nase, sein Gesicht und seinen ganzen Körper. Der König rief nach Ärzten und nach Zauberern, aber sie konnten nicht helfen.

Er verordnete den Juden, dass sie beten müssten. Sie suchten nach dem erwähnten Zaddik und brachten ihn zum König. Dieser Zaddik betete ständig zum Ewigen. Dieser hatte ihm nämlich versprochen, der Prinz würde ganz aus Edelsteinen bestehen und dieses Versprechen wurde nicht erfüllt. Er argumentierte vor Gott: »Habe ich denn dies um meiner Ehre willen getan? Ich tat dies nur um deiner Ehre willen, und jetzt wurde mein Versprechen nicht erfüllt!«

Der Zaddik kam zum König. Er betete und es nützte nicht. Man flüsterte ihm ein, es handele sich um einen Zauber.

Der Zaddik kam zum König und berichtete ihm, es handele sich um einen Zauber. Man habe den Zauber ins Wasser geworfen. Man könne dem Prinzen nur helfen, wenn der Zauberer, der dies bewirkt habe, ins Wasser geworfen werde.

Der König sprach: »Ich übergebe dir alle Zauberer. Du kannst sie ins Wasser werfen, damit mein Sohn gesund wird!« Die Prinzessin fürchtete sich und lief zum Wasser, um den Zauber herauszuholen.

Dabei fiel sie ins Wasser. Es entstand ein großer Tumult. Der Zaddik erschien und verkündete, der Prinz würde geheilt werden. Dieser wurde gesund. Der Aussatz trocknete und fiel hinunter. Seine ganze Haut schälte sich und er bestand vollständig aus Edelsteinen.

*

Die drei Boten

Es war einmal ein König, der drei Boten mit einer geheimen Botschaft zu einem anderen König in einem fernen Land sandte. Auf ihrem Weg mussten sie durch ein Land reisen, das ihrem König feindlich gesinnt war.

Der erste Bote verhielt sich klug und hielt seinen Auftrag vollkommen geheim. Er reiste durch das Land, und keiner merkte, dass er mit einem Geheimnis unterwegs war. Der zweite betrat das Land, und die Bewohner des Landes merkten, dass er mit einem Geheimnis unterwegs war. Sie setzten ihn gefangen, um ihm das Geheimnis zu entlocken. Er verhielt sich klug und mutig und konnte ihnen entfliehen. Der dritte reiste ebenfalls durch dieses Land, und die Bewohner bemerkten wiederum, dass er mit einem Geheimnis unterwegs war. Sie setzten ihn gefangen und folterten ihn auf grausame Art. Wie viel sie ihn auch folterten, plagten und peinigten – er erzählte ihnen nichts. Die Bewohner mussten einsehen, dass sie nichts erreichen konnten, und nahmen an, er kenne gar kein Geheimnis. So reiste er durch ihr Land und gelangte zum König.

Man überlegte nun, welchem von den dreien die größte Belohnung zustehe. Einige meinten, dem ersten stehe die größte Belohnung zu, da er klug handelte und alles vollständig geheim hielt. Andere behaupteten, der zweite verdiene die größere Belohnung, da man ihm auf die Spur gekommen sei und er dank seiner Klugheit dennoch flüchten konnte. Der König beschied: »Dem dritten steht eine größere Belohnung als den beiden anderen zu, da er bereits in ihrem Netz gefangen war. Sie folterten und quälten ihn mit allen möglichen Plagen und Torturen. Sie wären ihm alle nachgelaufen, hätte er auch nur ein Geheimnis aufgedeckt. Dennoch bestand er diese schwierige Prüfung und gab nichts preis. Darum steht ihm eine größere Belohnung zu als den anderen.«

*

Vom armen Mann, der zum Dieb wurde

Es war einmal ein armer Mann, der im Lehrhaus saß und die Torah studierte. Einmal kam ein Astrologe in seine Stadt und die ganze Bevölkerung lief zu ihm. Der Arme aber blieb im Lehrhaus und ging nicht zu ihm. Als seine Frau ins Lehrhaus kam, fand sie dort nur ihren Mann vor, da alle zum Seher gegangen waren. Sie schrie ihn an: »Du armer fauler Pechvogel! Warum gehst du nicht wie die anderen zum Astrologen?«

Der Arme wollte nicht gehen, seine Frau bedrängte ihn aber so lange, dass ihm nichts anderes übrig blieb, als zu gehen. Er kam zum Astrologen und dieser sagte ihm: »Die Sterne sagen, dass du zum Dieb wirst!«

Der Arme kehrte ins Lehrhaus zu seinem Studium zurück. Seine Frau kam zu ihm und fragte, was der Astrologe gesagt habe. Er antwortete ihr: »Er sagte mir: ›Bettler bleibt Bettler.‹«

Am Abend ging er nach Hause und verzehrte seine Mahlzeit, die aus einer Kante Brot bestand. Während des Essens begann er zu lächeln. Seine Frau fragte: »Was lächelst du? Sicher weißt du etwas, das du mir nicht erzählen möchtest!«

»Nein,« antwortete er, »er hat mir nichts gesagt! Ich lache einfach nur so,« und er setzte sein Mahl fort. Er begann ein zweites Mal zu lachen und sie fragte ihn noch einmal. Wieder gab er ihr die gleiche Antwort. Inzwischen war sein Mund des Lachens voll und er schüttelte sich vor Gelächter. Sie sagte ihm wieder: »Ich bin sicher, dass du etwas weißt!« Er gestand ihr: »Der Astrologe sagte mir, mein Schicksal sei, Dieb zu werden.«

Seine Frau antwortete: »Ich will nicht, dass du ein Dieb wirst! Es ist besser, dass wir arm bleiben, wenn Gott dies so wünscht, und dass du nicht zum Dieb wirst!«

Als es Schabbat wurde, hatten sie sicherlich eine schöne Mahlzeit vorbereitet, wie es die Ordnung gebietet, Weißbrot und alles andere, was dazugehört. Sie setzten sich zum Mahl. Wahrscheinlich hatte er vier oder fünf Töchter, die einander die Brotstückchen wegschnappten, weil nicht genug für alle da war.

Die Frau begann zu sprechen und sagte: »Schöpfer der Welt! Ich habe die Nase voll von dieser Armut.« Sie wendete sich an ihren Mann: »Mir wäre lieber, du würdest zum Dieb, sodass wir nicht mehr Not leiden müssen!«

Der Arme hatte keine Wahl und musste ihr gehorchen. Er machte sich auf seine erste Diebestour und entschied sich, den reichsten Mann der Stadt zu bestehlen. Als er bei ihm ankam, fand er die Wächter schlafend vor. Niemand fragte ihn nach seinem Begehr. Er ging zum Laden und fand die Tür unverschlossen vor, denn dies war sein Schicksal. Er ging weiter zum Kassenschrank, und auch dieser war nicht verriegelt. Er nahm dort vier oder fünf Goldstücke, gerade so viel, dass es für den dringendsten Bedarf reichte, und brachte alles seiner Frau.

Er sagte ihr: »Ich habe deinen Wunsch erfüllt! Das Geld muss für deine Bedürfnisse reichen, denn ich möchte nicht noch einmal stehlen!«

Sie antwortete ihm: »Auch ich will nicht, dass du stiehlst! Wir waren aber wegen der Not dazu gezwungen!«

Bei einer späteren Gelegenheit begann sie erneut, ihn zu beschimpfen: »Bettler! Pechvogel! Du warst doch in diesem Laden. Warum hast du nicht auch noch Geld für einen Mantel mitgenommen?«

Er war gezwungen, noch einmal stehlen zu gehen. Als er vor dem Laden stand, traf er dort einen anderen Dieb. »Wer bist du?«, fragte er ihn. Dieser antwortete: »Ich bin ein Dieb!« Der andere fragte ihn ebenfalls und erhielt zur Antwort: »Auch ich bin ein Dieb!« Der Arme schlug vor: »Wir sollten uns für die Diebstähle zusammentun, ich habe dabei eine glückliche Hand!«

Der andere war einverstanden. Der Arme sagte sich: »Wenn wir hier stehlen, wird unser Opfer arm werden! Ich alleine hätte nur so viel gestohlen, wie ich für einen Mantel brauche. Der andere wird jetzt aber viel stehlen, und dem Opfer wird nichts mehr bleiben.«

Also sagte er zum anderen Dieb: »Warum sollen wir unseren jüdischen Nachbarn schädigen? Es ist besser, einen Fremden zu bestehlen!« Der andere war einverstanden und sie einigten sich darauf, den König zu bestehlen.

Der Dieb schlug vor: »Es wäre gut, die Gewänder zu stehlen, die der König bei seiner Krönung trägt. Das wird uns für viele Generationen ausreichen, und ich weiß, wo sie versteckt sind.« Der Arme war einverstanden, da er sicher war, dass ihm sein Glück beistehen würde.

Sie gingen zum Palast und drangen zu den innersten Kammern vor. Dort fanden sie die Gewänder; ihre Taschen waren sehr reich ausgestattet. Sie nahmen die Kleider mit. Kurz darauf begannen sie, um die Gewänder zu streiten, denn das eine war groß und das andere klein. Der Dieb behauptete: »Mir kommt das große zu, denn ich wusste über die Gewänder Bescheid!«, während der Arme sagte: »Das große gehört mir, denn ich bin der Glückspilz und durch mein Glück konnten wir die Gewänder stehlen!«

Der Arme schlug vor, darüber den König zu befragen, während der Dieb sagte: »Wie soll das denn möglich sein?« Der Arme blieb dabei: »Dennoch, ich werde gehen und ihn fragen!« Der Dieb antwortete ihm: »Wenn du in der Lage bist, den König zu befragen, dann gebe ich dir das große Gewand!«

Sie gingen zusammen zum König. Neben dem König lag jemand, der ihm Geschichten erzählte, damit er einschlafen konnte. Die beiden nahmen das Bett, auf dem der König schlief, und trugen es samt dem König in ein anderes Zimmer. Der König erwachte und glaubte, er sei in seinem Zimmer. Der Dieb begann, ihm seine Geschichte von den zwei Dieben zu erzählen, und fragte den König, wer das Recht auf das große Gewand habe. Der König wurde zornig: »Warum fragst du mich? Sicher gehört es dem Armen, denn sie stahlen es wegen seines Glücks! Erzähle mir lieber noch eine weitere Geschichte!« Er erzählte ihm eine Geschichte und der König schlief ein.

Sie standen auf und trugen das Bett in das Schlafzimmer des Königs zurück. Am Morgen wurde bekannt, dass die Kleider des Königs gestohlen wurden, und der König erinnerte sich, dass sein Diener ihm diese Geschichte erzählt und ihn gefragt hatte, wem das große Gewand zukomme. Der König sagte sich, dass der Diener sicher etwas über den Diebstahl wisse.

Der Diener wurde geschlagen, sagte aber, er wisse nichts. Er wurde weiter geschlagen und gefoltert, blieb aber dabei, dass er nichts wisse. Der König schickte nach dem Erzbischof, um ihn über diese Angelegenheit zu befragen. Er wollte wissen, ob es möglich sei, dass der Diener die Gewänder doch nicht gestohlen habe. Der Erzbischof antwortete, es sei möglich, dass der Diener nichts wisse. Außerdem habe der König eine Dummheit begangen, als er sagte, das Gewand komme dem Armen zu.

Den König erzürnte, dass der Erzbischof ihn für einen Narren hielt. Er wollte sich an ihm rächen, konnte es aber nicht. Währenddessen wurde das Diebesgut gesucht, aber nicht gefunden. Der König befahl, dass man ausrufen solle: »Wer die Gewänder gestohlen hat, soll kommen und dies gestehen! Man wird ihm nichts tun, denn der König möchte wissen, wie es möglich war, diese Gewänder zu stehlen.«

So kam es, dass viele Menschen miteinander über diese Angelegenheit sprachen. Der Arme kam hinzu und fragte, worum es gehe, und sie erzählten ihm die Geschichte. Er sprach: »Was soll diese Aufregung? Wer sie gestohlen hat, wird sie zurückgeben!« Die Menschen wendeten sich gegen ihn. Später trat er zu einer anderen Gruppe und frage sie abermals. Sie schrien ihn an: »Bettler! Du gefährdest dein Leben! Man wird über dich sagen, du wissest etwas über den Diebstahl!« Er antwortete: »Es stimmt, ich weiß etwas!«, worauf sie ihm sagten: »Wenn du etwas darüber weißt, gehe hin und erzähle es!« Er erwiderte: »Ich werde erzählen!«

So kam der Arme zum König und er sagte ihm: »Ich weiß etwas über den Diebstahl!« Der König sprach: »Ich möchte unbedingt den Dieb sehen!« Und er antwortete: »Ich bin der Dieb!« Der König küsste ihn und fragte ihn: »Wie hast du die Gewänder gestohlen?«

Der Arme erzählte die ganze Geschichte, worauf der andere Dieb gesucht und gefunden wurde. Er musste das zweite Gewand, das er bei sich hatte, zurückgeben. Der König sagte dann dem Armen: »Wende eine List gegen den Erzbischof an, denn ich bin ihm böse!« Und der Arme antwortete: »Das werde ich tun!«

Der Arme verlangte, dass man ihm Gewänder anfertige, wie sie der Erzbischof beim Gottesdienst trägt. Man solle ihm auch viele Frösche und viele Kerzen bringen. Er kleidete sich in die erzbischöflichen Gewänder. An jedem Frosch befestigte er eine Kerze und entzündete sie. Er ließ die Frösche frei, sodass sie in der Kirche herumsprangen. Der Arme stellte sich beim Altar auf und begann zu schreien.

Alle kamen zur Kirche, auch der Erzbischof. Er erschrak sehr, denn er sah die Lichter und hörte die Stimme, und er wusste nicht, was all dies bedeuten sollte. Der

Arme sprach zum Erzbischof: »Ich bin zu dir gekommen, denn ich möchte dich unverzüglich ins Paradies bringen.« Der Erzbischof warf sich auf den Boden. Der Arme sagte ihm: »Bevor du ins Paradies eingehst, musst du kurz in die Hölle. Danach erst bringe ich dich ins Paradies!«

Er hieß den Erzbischof in den Sack hineinzukriechen, den er mitgebracht hatte. Der Arme band den Sack zu, trug ihn zum Hof des Palasts und hängte ihn dort auf. Alle kamen zum Hof und sahen einen hängenden Sack, in dem sich offensichtlich jemand befand. Sie wussten nicht, worum es sich dabei handelte, und begannen, den Sack mit Steinen zu bewerfen. Sie waren dabei sehr fleißig, sodass der Erzbischof geschunden wurde und alle seine Zähne verlor.

Der Erzbischof wusste nicht, wie ihm geschah. War er in der Hölle oder handelte es sich um eine List? Nachdem er lange geplagt worden war, befahl der König, ihn herunterzunehmen. Der Sack wurde aufgebunden und der Erzbischof verließ den Ort in großer Schande.

*

Der Schatz des Armen

Es war einmal ein armer Mann, der davon lebte, Lehm zu stechen und ihn zu verkaufen. Einmal begab es sich, dass er im Lehm grub und dort einen Edelstein fand, der ein großes Vermögen wert war. Er konnte seinen genauen Wert nicht wissen und ging zu einem Fachmann, damit dieser den Wert schätze. Der Fachmann sagte ihm: »In unserem Land gibt es niemanden, der seinen Wert bezahlen könnte. Fahre in die Königsstadt London!«

Der Mann war aber arm und hatte kein Geld für die Reise. Er verkaufte alles, was er besaß. Danach ging er von

Haus zu Haus, um milde Gaben zu sammeln, bis er genug beisammen hatte, um ans Meer reisen zu können. Dort wollte er ein Schiff besteigen, hatte aber kein Geld dafür. So ging er zum Kapitän und zeigte ihm den Edelstein. Dieser ließ ihn mit großen Ehren auf das Schiff und sagte: »Ich bin sicher, dass du eine wichtige Persönlichkeit bist!« Er wies ihm eine besondere Kabine in der ersten Klasse zu und ließ ihm sämtliche Genüsse zukommen, wie man dies bei den großen Magnaten tut.

Er hielt sich ständig in seiner Kabine auf und erfreute sich an seinem Diamanten. Besondere Freude bereitete ihm das Essen, denn die gute Stimmung lässt die Speisen besonders gut verdauen.

Einmal saß er wieder in seiner Kabine beim Essen. Der Diamant lag auf dem Tisch, damit er sich an ihm erfreuen könne. Dabei schlief er ein. Ein Schiffsjunge betrat seine Kabine, um das Tischtuch und die Brosamen zu entfernen. Vom Diamanten wusste er nichts, sodass er alles ins Meer hinausschüttelte.

Als der Mann aus seinem Schlaf erwachte, begriff er, was geschehen war, und er grämte sich sehr. Er war beinahe von Sinnen. Was sollte er jetzt tun? Der Kapitän war ein strenger Herr, der ihn gewiss umbringen würde, wenn er erführe, dass er nicht in der Lage sei, den Fahrpreis zu entrichten. Daher gab er sich freudig, als ob er von nichts wisse.

Der Kapitän pflegte sich jeden Tag mit ihm einige Zeit zu unterhalten, so auch an diesem Tag. Er gab sich so frohgemut, dass an ihm keine Veränderung zu erkennen war. Der Kapitän sprach zu ihm: »Ich weiß, dass du ein weiser und aufrichtiger Mann bist. Ich beabsichtige, viel Getreide zu kaufen, um es in London zu verkaufen. Auf diese Weise kann ich viel verdienen. Ich fürchte aber, dass man sagen könnte, ich stehle aus dem Schatz des Königs. Daher soll der Handel unter deinem Namen laufen, wofür ich dich reichlich entschädigen werde.« Der Vorschlag gefiel ihm und sie führten ihn aus.

Kaum waren sie in London angekommen, starb der Kapitän und die ganze Schiffsladung verblieb dem armen Mann. Der Wert des Getreides war doppelt so hoch wie der des Diamanten.

Rabbi Nachman beendete die Erzählung mit den Worten: »Der Diamant gehörte nicht ihm. Der Beweis dafür ist, dass er ihn verloren hatte. Das Getreide hingegen gehörte ihm. Der Beweis dafür ist, dass es ihm geblieben war. Zu seinem Getreide kam er nur, weil er fröhlich blieb.«

✳

Die Erzählung von Kapzin Pascha

Es war einmal einer unserer jüdischen Brüder, der am Hof des türkischen Sultans lebte. Als Berater war er beim Sultan sehr angesehen und der liebte ihn mehr als all seine Minister. Jeden Tag lud er ihn in seinen Palast, um sich mit ihm zu unterhalten.

Die Minister wurden neidisch und überlegten sich, was für eine Verschwörung sie gegen ihn anzetteln könnten, um ihn von der Seite des Sultans zu schaffen. Unter ihnen war Kapzin Pascha. Er hasste den Juden stärker, als es alle anderen Minister taten. Ihm gegenüber verhielt er sich aber so, als ob er ihn liebte. Jeden Tag hoffte er, einen Weg zu finden, um ihn beim Sultan verleumden zu können.

Einmal kam Kapzin Pascha zu seinem jüdischen Kollegen und begann mit ihm ein hinterlistiges Gespräch. Er erzählte ihm: »Neulich war ich beim Sultan. Ich hörte aus seinem Munde, wie sehr er dich liebt. Allerdings plagt ihn eine Sache. Wenn du zu ihm zur Besprechung kommst, erträgt er deinen Mundgeruch nicht. Er spürt, wie ein schlechter Geruch aus deinem Mund dringt, und kann auf der anderen Seite nicht ohne dich sein. Das quält ihn sehr. Daher rate ich dir, dass du jedes Mal, wenn du zum Sultan kommst, ein parfümiertes Tüchlein vor deinen Mund hältst, damit er den Geruch, der aus deinem Mund dringt, nicht riecht. Das Parfüm wird deinen Mundgeruch zudecken, sodass du den Sultan nicht belästigen wirst.«

Der Israelit glaubte in seiner Unschuld den Worten des Kapzin Pascha und war mit seinem Vorschlag einverstanden. Anschließend ging der Pascha zum Sultan und erzählte ihm: »Ich hörte vom Israeliten, dass er sehr leide. Immer, wenn er mit dem Sultan spreche, nehme er den Mundgeruch des Sultans wahr. Daher habe er sich entschlossen, bei den Besprechungen mit dir, o Sultan, ein parfümiertes Tüchlein vor den Mund zu halten, damit ihn der schlechte Geruch aus dem Mund des Sultans nicht mehr störe. Der Beweis dafür, dass meine Worte stimmen, wird sein, dass du morgen, wenn er zur Besprechung mit dir kommt, mit deinen eigenen Augen sehen wirst, wie er sich das Tüchlein vor den Mund hält.«

Als der Sultan dies hörte, wurde er sehr zornig. Zum Pascha sagte er: »Wenn ich sehe, dass deine Worte zutreffen, werde ich ihn von der Welt tilgen!« Am nächsten Tag kommt der Jude zum Sultan und hält sich das Tüchlein vor den Mund. Als der Sultan dies sah, wurde ihm klar, dass der Pascha nicht gelogen hatte. Er verfasste sofort einen Brief folgenden Inhalts: »Wenn der Überbringer dieses Schreibens zu euch kommt, werft ihn unverzüglich in den Feuerofen, in dem alle Todesschuldigen verbrannt werden.« Der Sultan versiegelte den Brief und sprach zum Juden: »Ich bitte dich, dieses Schreiben persönlich dem Mann zu überbringen, dessen Anschrift auf dem Umschlag steht.«

Der Jude nahm den Brief an sich und versprach dem Sultan, entsprechend seinen Anordnungen zu handeln. Er kannte den Inhalt des Schreibens nicht und ging nach Hause.

Dem Israeliten war das Gebot, jüdische Knaben zu beschneiden, sehr wichtig. Immer, wenn man ihn mit der Beschneidung beehrte, ließ er kein Hindernis gelten, so teuer war ihm dieses Gebot. An dem Tag, an dem er sich auf die Reise machen wollte, um das Schreiben des Sultans zu überbringen, wollte Gott seinen treuen Freund retten. Er ließ es geschehen, dass ein Dörfler kam und den Juden bat, mit ihm in sein Dorf zu fahren, um seinen Sohn zu beschneiden. Nachdem es der Art des Israeliten entsprach, eine Gelegenheit zur Erfüllung dieses Gebots auf keinen Fall vorbeigehen zu lassen, begann er sich Gedanken zu machen: »Was kann ich tun, um gleichzeitig den Befehl des Sultans zu erfüllen?«

Gott führte herbei, dass genau in diesem Moment Kapzin Pascha seinen Weg kreuzte. Der Israelit erzählte dem Pascha: »Der Sultan übergab mir einen Brief, den ich dem Empfänger bringen muss. Heute bereitete mir Gott die Möglichkeit, eine Beschneidung durchzuführen. Meine Art ist es, eine Gelegenheit zur Erfüllung dieses Gebots auf keinen Fall vorbeigehen zu lassen. Daher bitte ich dich, den Brief zu nehmen und zu überbringen!«

Der Pascha freute sich, denn er würde dem Sultan berichten können, der Israelit habe seinen Wunsch nicht eigenhändig erfüllt. So nahm er den Brief und überbrachte ihn seinem Adressaten. Dieser ergriff den Pascha, warf ihn in den Feuerofen und – er war verbrannt, wie es dem Recht Gottes entspricht, der Mass gegen Mass richtet.

Der Israelit wusste nichts von all dem, was geschehen war, und kam am nächsten Tag wieder zum Sultan. Dieser war sehr verwundert und fragte ihn: »Hast du den Brief, den ich dir gegeben habe, noch nicht überbracht?« Der Israelit antwortete: »O Sultan! Den Brief gab ich Kapzin Pascha, damit er ihn dem Adressaten überbringe. Gott bereitete mir die Möglichkeit, eine Beschneidung durchzuführen. Meine Art ist es, eine Gelegenheit zur Erfüllung dieses Gebots auf keinen Fall zu verpassen.«

Der Sultan ahnte, dass dem Pascha möglicherweise Recht geschehen sei. Darum fragte er den Israeliten unverzüglich: »Warum hältst du ein parfümiertes Tüchlein vor deinen Mund, wenn du mit mir sprichst?« Dieser antwortete: »Der Pascha gab mir diesen Rat. Er sagte mir, er habe von dir gehört, dass du meinen Mundgeruch nicht erträgst. Darum sollte ich ein parfümiertes Tüchlein verwenden, damit mein Mundgeruch dich nicht belästigt.«

Der Sultan erzählte ihm, was im Brief stand, den er ihm übergeben hatte. Er sprach: »Jetzt weiß ich, dass Gott die Welt regiert, der seine Freunde vor allem Bösen rettet. Dem Pascha geschah das, was er dir antun wollte, und Gott ließ ihm seine gerechte Strafe zukommen.« Von da an war der Israelit noch angesehener am Hof des türkischen Sultans.

*

Das Gleichnis vom Truthahn

Es war einmal ein Prinz. Er wurde verrückt und glaubte, er sei ein Vogel, den man Truthahn nennt. Darum müsse er – wie ein Truthahn – nackt unter dem Tisch sitzen und Brosamen und Knöchlein zusammenlesen. Die Ärzte, die man gerufen hatte, gaben die Versuche, ihn zu heilen, auf, und der König litt sehr darunter.

Eines Tages kam ein Weiser und behauptete: »Ich kann ihn heilen!« Er entkleidete sich, bis er nackt war, und setzte sich zum Prinzen unter den Tisch. Auch er klaubte Brosamen und Knöchlein zusammen. Der Prinz fragte ihn: »Wer bist du und was tust du hier?« Zur Antwort wurde er gefragt: »Und was tust du hier?« »Ich bin ein Truthahn«, erwiderte dieser. »Auch ich bin ein Truthahn«, sagte der Weise.

So saßen beide zusammen unter dem Tisch, bis sie sich aneinander gewöhnten. Der Weise gab ein Zeichen und man warf ihnen Hemden hin. Zum Prinzen sprach er: »Du glaubst wohl, ein Truthahn könne nicht in einem Hemd gehen? Man kann sich ein Hemd anziehen und dennoch ein Truthahn sein!« Die beiden zogen sich die Hemden an.

Nach einiger Zeit gab er wieder ein Zeichen und man warf ihnen Hosen hin. In gleicher Manier sagte er ihm: »Du glaubst, mit Hosen könne man kein Truthahn sein?« So zogen sie Hosen und die weiteren Gewänder an. Später gab er abermals ein Zeichen und man gab ihnen Speisen für Menschen vom Tisch herab. Zum Prinzen sprach der Weise: »Du glaubst wohl, wenn man gute Speisen isst, sei man kein Truthahn mehr?«, und so aßen sie.

Nach einer Weile sprach er zu ihm: »Du glaubst wohl, ein Truthahn könne nur unter dem Tisch leben? Man kann auch Truthahn sein und am Tisch sitzen!« So verhielt er sich ihm gegenüber, bis er ihn vollständig geheilt hatte.

*

Das Gleichnis vom vergifteten Korn

Es war einmal ein König, der sagte eines Tages zu seinem besten Freund, dem Vizekönig: »Ich als Astrologe sehe, dass alles Getreide, das dieses Jahr wachsen wird, jeden, der davon isst, verrückt machen wird. Wir müssen beraten, was in dieser Lage zu tun ist!«

Der Vizekönig gab ihm den Rat: »Wir könnten uns Getreide vorbereiten, damit wir nicht vom vergifteten Korn essen müssen!« Der König antwortete darauf: »Dies wird zur Folge haben, dass wir die einzigen nicht Verrückten sein werden, während alle anderen verrückt sind. Daraus wird sich das Gegenteil ergeben, dass nämlich wir die Verrückten sein werden! Wir müssen vielmehr selber auch von diesem Getreide essen, aber – wir müssen auf unseren Stirnen ein Zeichen anbringen, damit wir uns daran erinnern, dass wir verrückt sind. Wenn ich auf deine Stirn schaue oder du auf meine, werden wir am Zeichen erkennen, dass wir verrückt sind.«

Nachwort

»Mein Feuer wird brennen, bis der Messias kommt.«

Die in dem vorliegenden Bändchen gesammelten Aussprüche und Erzählfragmente stammen nicht von einem abgeklärten Weisen. Die Weisheit des Rabbi Nachman von Brazlaw ist die Frucht innerer und äußerer Konflikte eines jungen Menschen in der osteuropäischen jüdischen Welt des 18. und 19. Jahrhunderts. Sie ist jedoch so originell, radikal und ehrlich, dass sie den Staub der Zeit abzuschütteln und genauso frisch zu wirken vermag wie vor 200 Jahren.

Rabbi Nachman wurde 1772 in Miedzyborz (jiddisch Mezhbizh), der »Hauptstadt des Chassidismus« geboren. Als Urenkel des Baal Schem Tov, des Gründers der chassidischen Bewegung, zu dessen Grab in Miedzyborz der junge Nachman Tausende von Frommen pilgern sah, wollte er jedoch nicht einfach das Erbe des Urgroßvaters fortsetzen. Er wollte in seiner Person das Feuer neu entfachen, das der Baal Schem Tov einst entzündet hatte. Er wählte dazu die Rolle des *enfant terrible* und des Außenseiters, der auf Distanz zu den etablierten chassidischen Rabbis ging. Brazlaw am südlichen Bug war der Ort, wo er es mit einer kleinen Schar auserwählter Schüler am längsten aushielt, und in Uman, fernab von den chassidischen »Höfen«, fand der innerlich umgetriebene und ständig

Konflikte suchende und an Tuberkulose erkrankte Zaddik 1810 mit 38 Jahren seine letzte Ruhestätte.

Nachman suchte Distanz, Einsamkeit und den Konflikt, um klarer zu sehen. Er sah seine Person als Spiegel, den er sich selbst und seinen Zeitgenossen vorhielt. An ihm, dem »wahren Zaddik«, wie er sich selbst bezeichnete, sollten die Leute ihre eigene, verdrängte Verzweiflung und Ausweglosigkeit, aber auch die gewaltigen Hoffnungskräfte, die in ihnen schlummerten, wahrnehmen. Nachman bot sich in einer Zeit des Umbruchs und der Krise als Bürge für die jüdische Überlieferung an, die er als Visionär kommender Zeiten zerbrechen sah. So wie einst der biblische Mose für sein Volk vor Gott in die Bresche trat und für es einstand, trat Nachman als »neuer Mose« nun umgekehrt vor seinem Volk für Gott ein. Auf ihn, den verzweifelnd hoffenden »Gerechten« galt es in einer Zeit der Umbrüche zu schauen, in der Gott sich aus der Welt zurückzuziehen begann. Die zerbrochenen Tafeln der Tora würden in seinem Sagen und Tun neu zusammengesetzt und gleichsam »nach Gott« neu lesbar, verstehbar und praktizierbar werden. Es galt, Zerbrochenes zu heilen, Verrücktes zurechtzurücken. »Wo immer ich meinen Fuß hinsetze, rücke ich alles zurecht«, sagte Nachman von sich selbst. In diesem Vorgang des heilenden Zurechtrückens machte sich Nachman mit seiner Person provokativ und dreist zum Mittelpunkt. Alles was er in seinen Lehrvorträgen am Schabbatausgang und an den Feiertagen vor seinen Schülern sprach, die Geschichten, die er unterwegs von Ort zu Ort auf dem Pferdewagen erzählte, die kleinsten Gesten und selbst ganz gewöhnliche Gespräche, die er mit Leuten führte, und schlussendlich seine Krankheit und sein Sterben, alles war in seinen Augen Tora des Mose in anderer Gestalt, eben in seiner eigenen Gestalt.

Diese radikale Personalisierung erregte schon damals in und außerhalb der chassidischen Bewegung Anstoß und wurde als Äußerung eines ich-kranken Menschen abgetan. Die neuere Forschung hat jedoch gezeigt, dass der große Einsame von Brazlaw nicht einfach als Scharlatan bezeichnet werden kann. Denn was an schriftlichem Material auf uns gekommen ist, zeugt von einem äußerst klaren und kreativen Geist. Neben seinen bekannten Erzählungen sind dies eine große Zahl von Lehrvorträgen und die hier zum ersten Mal in deutscher Sprache vorliegenden Weisheitssprüche. Sie stellen ein Konzentrat seines eigenwilligen und quer in der Landschaft liegenden Denkens und Lebens dar. An seinem *faierl*, seinem Feuer, das er bis zur Ankunft des Messias brennen sah, vermögen sich über die zeitliche und persönliche Begrenzung hinaus auch heutige Menschen zu erwärmen und zu inspirieren.

Martin Cunz und Raphael Pifko
Zürich im August 2000

Worterklärungen

Ari: Kurzbezeichnung für Rabbi Isaak Luria, 1534–1577, der ab 1569 in Safed wirkte und verschiedene grundlegende Werke der jüdischen Mystik verfasste, die für den *Chassidismus* sehr wichtig wurden.

Chassid: Wörtlich: fromm, Frommer; Anhänger des *Chassidismus.*

Chassidismus: Entstand im 18. Jh.; religiös-mystische Volksbewegung aus dem osteuropäischen Judentum.

Kabbalah: »Überlieferung«. Im engeren Sinn bezeichnet der Begriff die jüdische Mystik.

Menorah: Leuchter, der für rituelle Zwecke – zum Beispiel am Schabbat oder zu Chanukkah – gebraucht wird.

Mizwah: Religiöses oder ethisches Gebot.

Pessach: Feiertag im Frühling, der an den Auszug der Israeliten aus Ägypten erinnert.

Prostak: Jiddisch für *einfacher, ungebildeter Mensch.*

Tefillin: Gebetsriemen, werden aufgrund einer biblischen Vorschrift beim Morgengebet am Kopf und an den Armen getragen.

Tisch'a be-Aw: Trauertag zur Erinnerung an die Zerstörung des ersten und des zweiten Tempels in Jerusalem.

Zaddik: *Gerechter;* im Chassidismus: Führer einer Gruppe von Chassidim.

Zizit: *Schaufäden* an den Ecken eines viereckigen rituellen Gewandes; werden zur Erinnerung an die Gebote Gottes getragen.

Quellenangaben

Einfache Nummern bezeichnen Texte aus *Die Gespräche des Rabbi Nachman* in ihrer klassischen Nummerierung. Als Arbeitsgrundlage diente *Sichot ha-Ran,* Torat ha-Nezach, Jerusalem 1992.
AB steht für *Awaneha Barsel,* Jerusalem 1935.
E bezeichnet Texte aus *Die Erzählungen des Rabbi Nachman* in ihrer klassischen Nummerierung. Als Arbeitsgrundlage diente *Sippure Ma-asijot,* Torat ha-Nezach, Jerusalem 1992.
KO steht für *Kochwe Or,* Jerusalem 1998.
S steht für *Schiwche ha-Ran,* Jerusalem 1992.

Zur Entstehungsgeschichte der *Sieben Bettler* 149
Die Einfachheit des Rebbe 153
Die teure Laubhütte AB 17
Hin- und Rückweg AB 55
Fromm oder klug AB 59
Der Postmeister von Tulczin AB 64

Das Sehnen zwischen Vater und Sohn 24
Bodensatz 79
Der Schlüssel zur Schatzkammer 130

Der stille Schrei 16
Treue zum Glauben 35
Das gebrochene Herz 41
Meditation 47
Der Wille 14
Über das Reisen 85

Der richtige Weg 269
Die Erzählung vom bescheidenen König E6
Vom Rabbiner und dem einzigen Sohn E8
Von der hängenden Menorah E
Der Prinz aus Edelsteinen E5
Die drei Boten S 36
Vom armen Mann, der zum Dieb wurde KO
Der Schatz des Armen KO
Die Erzählung von Kapzin Pascha KO
Das Gleichnis vom Truthahn KO
Das Gleichnis vom vergifteten Korn KO

Der Traum des Schmetterlings

Taoistische Weisheit

Herausgegeben, aus dem Chinesischen übersetzt und zusammengestellt von Wolfgang Ommerborn

Das kosmische Prinzip des tao gilt als geheimnisvoll und als Inbegriff östlicher Weisheit. Die hier versammelten Geschichten – manche sind älter als 2000 Jahre – gehören zu den schönsten literarischen Zeugnissen des Taoismus. Humorvoll, feinsinnig und voller Lebensweisheit, spiegeln sie den Geist des tao auf unverfälschte Weise wider. Sie handeln vom Rückzug in die Natur, von der Größe des Kleinen, der Stärke des Schwachen und von der Hinwendung zu den natürlichen Lebenszyklen, in die der Mensch sich einfügen soll, anstatt nach Ruhm und Macht zu streben.

100 Seiten, Halbleinen mit Lesebändchen

ISBN 3-545-20183-X

Benziger Verlag
Düsseldorf und Zürich

Die Erde spendet allen Leben

Gedanken zur Natur

Herausgegeben von
Monika und Udo Tworuschka

Weltweit sind die Menschen mit der Natur sowohl zu ihrem Wohl als auch zu ihrem Leid eng verbunden. Und überall, nicht nur in den großen Religionen, sondern auch in den literarischen Traditionen der Völker, wird die Natur in ihren vielen Facetten besungen und beschworen. Die Herausgeber öffnen den Blick für das Zusammenwirken von Mensch und Natur, dem der Mensch sich nicht entziehen kann und nicht entziehen soll.

120 Seiten, Halbleinen mit Lesebändchen

ISBN 3-545-20187-2

Benziger Verlag
Düsseldorf und Zürich